Gutes Benehmen: Der Schlüssel zu einem erfolgreichen Leben

ALEX GAAL

INHALTSVERZEICHNIS

1

Die Bedeutung von gutem Benehmen

1.1 Höflichkeit und Respekt in der Kommunikation

Höflichkeit und Respekt sind die Grundpfeiler jeder erfolgreichen Kommunikation. In einer Zeit, in der digitale Interaktionen oft den persönlichen Kontakt ersetzen, wird die Bedeutung dieser Werte umso deutlicher. Höfliche Kommunikation fördert nicht nur ein positives Miteinander, sondern trägt auch entscheidend zur Schaffung eines respektvollen Umfelds bei, sei es im Beruf oder im privaten Leben.

Ein zentraler Aspekt höflicher Kommunikation ist das aktive Zuhören. Dies bedeutet, dem Gesprächspartner volle Aufmerksamkeit zu schenken und seine Aussagen ernst zu nehmen. Durch aktives Zuhören signalisiert man Respekt und Wertschätzung für die Meinung des anderen. Ein einfaches Nicken oder verbale Bestätigungen wie „Ich verstehe" können bereits viel bewirken und das Gefühl vermitteln, dass man gehört wird.

Darüber hinaus spielt die Wortwahl eine entscheidende Rolle. Höfliche Formulierungen wie „Könnten Sie bitte…?" oder „Wären Sie so freundlich…?" schaffen eine angenehme Gesprächsatmosphäre und zeigen, dass man den anderen respektiert. Solche Ausdrucksweisen fördern nicht nur den Dialog, sondern helfen auch dabei, Missverständnisse zu vermeiden und Konflikte konstruktiv zu lösen.

Ein weiterer wichtiger Punkt ist die nonverbale Kommunikation. Körpersprache, Mimik und Gestik können oft mehr sagen als Worte selbst. Ein offenes Auftreten – beispielsweise durch Blickkontakt und eine aufrechte Körperhaltung – vermittelt Offenheit und Interesse am Gesprächspartner. Umgekehrt kann verschlossene Körpersprache Desinteresse signalisieren und somit den Kommunikationsfluss stören.

Kulturelle Unterschiede sollten ebenfalls beachtet werden; was in einer Kultur als höflich gilt, kann in einer anderen als unhöflich empfunden werden. Daher ist es wichtig, sich über kulturelle Normen zu informieren, insbesondere wenn man international tätig ist oder mit Menschen aus verschiedenen Hintergründen kommuniziert.

Zusammenfassend lässt sich sagen, dass Höflichkeit und Respekt in der Kommunikation nicht nur zwischenmenschliche Beziehungen stärken, sondern auch beruflichen Erfolg begünstigen können. Indem wir diese Werte aktiv leben, tragen wir dazu bei, ein harmonisches Miteinander zu fördern.

1.2 Einfluss auf berufliche Netzwerke

Der Einfluss von gutem Benehmen auf berufliche Netzwerke ist ein entscheidender Faktor für den langfristigen Erfolg in der Karriere. In einer zunehmend vernetzten Welt, in der Beziehungen oft den Schlüssel zu neuen Möglichkeiten darstellen, wird die Art und Weise, wie wir uns verhalten und kommunizieren, immer wichtiger. Höflichkeit und Respekt sind nicht nur persönliche Tugenden, sondern auch strategische Werkzeuge zur Förderung und Pflege von Kontakten.

Ein respektvoller Umgangston kann Türen öffnen und Vertrauen schaffen. Wenn man sich in einem Netzwerk bewegt, sei es bei Konferenzen, Workshops oder informellen Treffen, ist es wichtig, einen positiven ersten Eindruck zu hinterlassen. Ein einfaches „Guten Tag" oder ein freundliches Lächeln können bereits den Grundstein für eine fruchtbare Beziehung legen. Menschen neigen dazu, mit denen zusammenzuarbeiten oder Geschäfte zu machen, die sie als angenehm empfinden.

Darüber hinaus spielt aktives Zuhören eine zentrale Rolle im Aufbau von Netzwerken. Indem man anderen aufmerksam zuhört und ihre Meinungen wertschätzt, signalisiert man Interesse an ihren Anliegen. Dies fördert nicht nur eine tiefere Verbindung, sondern kann auch dazu führen, dass andere bereitwillig ihre Ressourcen oder ihr Wissen teilen. Ein Beispiel hierfür wäre ein Kollege, der nach einem Gespräch über gemeinsame Interessen bereit ist, seine Kontakte weiterzugeben oder Unterstützung anzubieten.

Die Bedeutung von nonverbaler Kommunikation sollte ebenfalls nicht unterschätzt werden. Körpersprache kann oft mehr sagen als Worte; offenes Auftreten und Blickkontakt vermitteln Selbstbewusstsein und Interesse am Gegenüber. In professionellen Umfeldern kann dies entscheidend sein – etwa bei Vorstellungsgesprächen oder Networking-Events – wo der erste Eindruck oft bleibenden Einfluss hat.

Zusammenfassend lässt sich sagen, dass gutes Benehmen in beruflichen Netzwerken nicht nur das persönliche Ansehen stärkt, sondern auch aktiv zur Schaffung eines unterstützenden Umfelds beiträgt. Durch respektvolle Interaktionen können wir nicht nur unsere eigenen Chancen verbessern, sondern auch anderen helfen und somit ein starkes Netzwerk aufbauen.

1.3 Positive Auswirkungen auf persönliche Beziehungen

Gutes Benehmen hat einen tiefgreifenden Einfluss auf persönliche Beziehungen, der oft unterschätzt wird. In einer Welt, in der zwischenmenschliche Interaktionen entscheidend für unser Wohlbefinden sind, spielt die Art und Weise, wie wir uns verhalten, eine zentrale Rolle. Höflichkeit und Respekt schaffen nicht nur eine angenehme Atmosphäre, sondern fördern auch das Vertrauen und die Verbundenheit zwischen Menschen.

Ein wesentlicher Aspekt des guten Benehmens ist die Fähigkeit zur Empathie. Wenn wir uns in die Lage anderer versetzen und ihre Gefühle respektieren, stärken wir unsere Bindungen zu ihnen. Ein einfaches Beispiel ist das aktive Zuhören: Indem wir unseren Gesprächspartnern volle Aufmerksamkeit schenken und ihre Anliegen ernst nehmen, zeigen wir Wertschätzung. Dies führt dazu, dass sich andere verstanden fühlen und bereit sind, sich ebenfalls zu öffnen.

Darüber hinaus trägt gutes Benehmen zur Konfliktvermeidung bei. In jeder Beziehung können Missverständnisse auftreten; jedoch kann ein respektvoller Umgangston helfen, Spannungen abzubauen und Lösungen zu finden. Wenn beide Parteien bereit sind, höflich miteinander umzugehen und konstruktiv zu kommunizieren, wird es einfacher, Differenzen auszuräumen und gemeinsame Interessen zu finden.

Ein weiterer positiver Effekt von gutem Benehmen ist die Förderung eines unterstützenden Umfelds. Menschen neigen dazu, sich mit denen zu umgeben, die freundlich und hilfsbereit sind. Diese positiven Interaktionen können nicht nur bestehende Beziehungen vertiefen, sondern auch neue Freundschaften entstehen lassen. Beispielsweise kann ein freundliches Lächeln oder ein kleines Kompliment den Tag eines anderen erhellen und eine Grundlage für eine tiefere Verbindung schaffen.

Zusammenfassend lässt sich sagen, dass gutes Benehmen in persönlichen Beziehungen weitreichende positive Auswirkungen hat. Es fördert Empathie und Verständnis, hilft bei der Konfliktbewältigung und schafft ein unterstützendes Netzwerk von Freunden und Bekannten. Indem wir uns bemühen, respektvoll miteinander umzugehen, tragen wir aktiv zur Verbesserung unserer sozialen Interaktionen bei.

2

Grundlagen der zwischenmenschlichen Kommunikation

2.1 Verbale Kommunikationstechniken

Die verbale Kommunikation ist ein zentraler Bestandteil zwischenmenschlicher Interaktionen und spielt eine entscheidende Rolle in der Art und Weise, wie Informationen ausgetauscht werden. Sie umfasst nicht nur die Worte, die wir wählen, sondern auch den Tonfall, die Lautstärke und das Tempo unserer Sprache. Diese Techniken sind besonders wichtig, um Missverständnisse zu vermeiden und eine klare Botschaft zu vermitteln.

Ein grundlegendes Element der verbalen Kommunikation ist die **Klarheit**. Es ist wichtig, dass die gewählten Worte präzise sind und der Zuhörer sie leicht verstehen kann. Dies bedeutet oft, Fachjargon oder komplizierte Ausdrücke zu vermeiden, insbesondere in Gesprächen mit Personen, die möglicherweise nicht über das gleiche Wissen verfügen. Ein Beispiel hierfür wäre ein Arzt, der einem Patienten medizinische Informationen erklärt; hier sollte er einfache Begriffe verwenden, um sicherzustellen, dass der Patient alles versteht.

Ein weiterer wichtiger Aspekt ist **Aktives Zuhören**. Dies beinhaltet nicht nur das Hören der Worte des Gesprächspartners, sondern auch das Verstehen ihrer Bedeutung und Emotionen. Aktives Zuhören fördert eine tiefere Verbindung zwischen den Gesprächspartnern und zeigt Respekt für deren Meinungen. Techniken wie Nicken oder kurze Bestätigungen können helfen zu signalisieren, dass man aufmerksam ist.

Zusätzlich spielt **Empathie** eine wesentliche Rolle in der verbalen Kommunikation. Indem man sich in die Lage des anderen versetzt und dessen Gefühle anerkennt, kann man eine vertrauensvolle Atmosphäre schaffen. Dies kann durch Formulierungen geschehen wie „Ich verstehe, dass dies für Sie schwierig sein könnte" oder „Es klingt so, als ob Sie sich darüber wirklich Gedanken gemacht haben." Solche Äußerungen zeigen Verständnis und fördern einen offenen Dialog.

Schließlich sollten auch **Kulturelle Unterschiede** berücksichtigt werden. In verschiedenen Kulturen können bestimmte Ausdrucksweisen oder Kommunikationsstile unterschiedlich interpretiert werden. Sensibilität gegenüber diesen Unterschieden kann dazu beitragen, Missverständnisse zu vermeiden und respektvolle Beziehungen aufzubauen.

Insgesamt sind verbale Kommunikationstechniken unerlässlich für erfolgreiche Interaktionen im beruflichen sowie im privaten Bereich. Durch bewussten Einsatz dieser

Techniken können Individuen ihre Kommunikationsfähigkeiten erheblich verbessern und somit ihre sozialen Beziehungen stärken.

Techniken können Individuen ihre Kommunikationsfähigkeiten erheblich verbessern und somit ihre sozialen Beziehungen stärken.

2.2 Aktives Zuhören

Aktives Zuhören ist eine essenzielle Fähigkeit in der zwischenmenschlichen Kommunikation, die weit über das bloße Hören von Worten hinausgeht. Es erfordert ein bewusstes Engagement des Zuhörers, um die Botschaft des Sprechers vollständig zu erfassen und zu verstehen. Diese Technik fördert nicht nur das Verständnis, sondern auch das Vertrauen und die Verbindung zwischen den Gesprächspartnern.

Ein zentraler Aspekt des aktiven Zuhörens ist die **Aufmerksamkeit**. Der Zuhörer muss sich voll und ganz auf den Sprecher konzentrieren, was bedeutet, Ablenkungen zu minimieren und nonverbale Signale wie Augenkontakt herzustellen. Diese Form der Aufmerksamkeit signalisiert dem Sprecher, dass seine Worte wertgeschätzt werden und dass der Zuhörer bereit ist, sich mit seinen Gedanken auseinanderzusetzen.

Darüber hinaus spielt **Wiedergabe** eine wichtige Rolle im aktiven Zuhören. Dies beinhaltet das Paraphrasieren oder Zusammenfassen dessen, was der Sprecher gesagt hat. Durch diese Technik kann der Zuhörer sicherstellen, dass er die Informationen korrekt verstanden hat und gleichzeitig dem Sprecher zeigen, dass seine Aussagen ernst genommen werden. Ein Beispiel könnte sein: „Wenn ich dich richtig verstehe, sagst du, dass…" Solche Rückmeldungen fördern einen offenen Dialog und helfen Missverständnisse zu vermeiden.

Ein weiterer wichtiger Bestandteil ist **Empathie**. Aktives Zuhören erfordert nicht nur kognitive Fähigkeiten, sondern auch emotionale Intelligenz. Indem man sich in die Lage des anderen versetzt und dessen Gefühle anerkennt – etwa durch Formulierungen wie „Ich kann nachvollziehen, dass dies für dich herausfordernd ist" – wird eine vertrauensvolle Atmosphäre geschaffen. Empathisches Verhalten stärkt die Beziehung zwischen den Gesprächspartnern erheblich.

Letztlich sollte auch **Kritikfähigkeit** beim aktiven Zuhören berücksichtigt werden. Oftmals können Gespräche emotional aufgeladen sein; daher ist es wichtig, offen für Feedback zu sein und konstruktiv damit umzugehen. Dies trägt dazu bei, Konflikte zu entschärfen und eine positive Kommunikationskultur zu fördern.

2.3 Feedback geben und empfangen

Feedback ist ein zentraler Bestandteil der zwischenmenschlichen Kommunikation, da es nicht nur die persönliche Entwicklung fördert, sondern auch die Qualität von Beziehungen verbessert. Die Fähigkeit, konstruktives Feedback zu geben und zu empfangen, ist entscheidend für das Wachstum in beruflichen sowie privaten Kontexten. Durch effektives Feedback können Missverständnisse geklärt und die Zusammenarbeit gestärkt werden.

Ein wichtiger Aspekt beim Geben von Feedback ist die **Klarheit**. Es ist essenziell, dass das Feedback spezifisch und nachvollziehbar formuliert wird. Anstatt allgemeine Aussagen wie „Das war nicht gut" zu machen, sollte man konkrete Beispiele anführen: „Ich habe bemerkt, dass du bei der Präsentation einige wichtige Punkte ausgelassen hast." Solche präzisen Rückmeldungen helfen dem Empfänger, gezielt an seinen Fähigkeiten zu arbeiten.

Zusätzlich spielt der **Tonfall** eine entscheidende Rolle. Ein freundlicher und respektvoller Umgangston kann dazu beitragen, dass das Feedback besser angenommen wird. Formulierungen wie „Ich schätze deine Arbeit sehr, aber ich denke, es gibt Raum für Verbesserungen in..." schaffen eine positive Atmosphäre und fördern die Bereitschaft des Empfängers, sich mit dem Feedback auseinanderzusetzen.

Beim Empfangen von Feedback ist **Offenheit** gefragt. Der Empfänger sollte bereit sein, Kritik anzunehmen und diese als Chance zur Verbesserung zu sehen. Eine hilfreiche Technik besteht darin, aktiv nachzufragen: „Könntest du mir ein Beispiel geben?" oder „Wie könnte ich das besser machen?" Solche Fragen zeigen Interesse an persönlichem Wachstum und fördern einen konstruktiven Dialog.

Letztlich ist auch **Reflexion** wichtig. Nach dem Erhalt von Feedback sollte man sich Zeit nehmen, um darüber nachzudenken und gegebenenfalls Maßnahmen zur Umsetzung abzuleiten. Dies kann durch das Führen eines Tagebuchs geschehen oder durch Gespräche mit vertrauenswürdigen Kollegen oder Freunden über die erhaltenen Rückmeldungen.

3

Soziale Fähigkeiten im Berufsleben

3.1 Vorstellungsgespräche meistern

Vorstellungsgespräche sind oft der entscheidende Schritt auf dem Weg zu einer neuen beruflichen Herausforderung. In einer Zeit, in der die Konkurrenz um Arbeitsplätze stetig zunimmt, ist es unerlässlich, sich optimal auf diese Gespräche vorzubereiten. Ein erfolgreicher Auftritt kann nicht nur den Unterschied zwischen Zusage und Absage ausmachen, sondern auch das eigene Selbstbewusstsein stärken und langfristige Karrierechancen eröffnen.

Ein zentraler Aspekt beim Meistern von Vorstellungsgesprächen ist die gründliche Vorbereitung. Dazu gehört nicht nur das Studium des Unternehmens und seiner Kultur, sondern auch das Verstehen der spezifischen Anforderungen der ausgeschriebenen Position. Bewerber sollten sich mit den häufigsten Fragen auseinandersetzen und ihre Antworten im Voraus formulieren. Dies hilft nicht nur dabei, Nervosität abzubauen, sondern ermöglicht auch eine klare und präzise Kommunikation während des Gesprächs.

Ein weiterer wichtiger Punkt ist die nonverbale Kommunikation. Körpersprache spielt eine entscheidende Rolle bei der Wahrnehmung durch den Interviewer. Ein fester Händedruck, offener Blickkontakt und eine aufrechte Körperhaltung vermitteln Selbstbewusstsein und Interesse. Zudem sollte man darauf achten, dass Mimik und Gestik die verbalen Aussagen unterstützen und nicht widersprechen.

- Aktives Zuhören: Zeigen Sie Interesse an den Fragen des Interviewers durch Nicken oder kurze Bestätigungen.
- Fragen stellen: Bereiten Sie eigene Fragen vor, um Ihr Engagement zu zeigen und mehr über das Unternehmen zu erfahren.
- Kulturelle Sensibilität: Achten Sie auf kulturelle Unterschiede in der Kommunikation, insbesondere wenn Sie sich bei internationalen Unternehmen bewerben.

Abschließend lässt sich sagen, dass Vorstellungsgespräche weit mehr sind als ein einfacher Austausch von Informationen. Sie bieten die Möglichkeit, einen bleibenden Eindruck zu hinterlassen und Ihre sozialen Fähigkeiten unter Beweis zu stellen. Durch gezielte Vorbereitung und ein Bewusstsein für nonverbale Signale können Bewerber ihre Chancen erheblich steigern und somit den Grundstein für eine erfolgreiche Karriere legen.

3.2 Networking-Events erfolgreich gestalten

Networking-Events sind eine wertvolle Gelegenheit, um berufliche Kontakte zu knüpfen und die eigene Karriere voranzutreiben. In einer zunehmend vernetzten Welt ist es entscheidend, diese Veranstaltungen strategisch zu nutzen, um nicht nur neue Bekanntschaften zu schließen, sondern auch bestehende Beziehungen zu vertiefen. Ein erfolgreich gestaltetes Networking-Event kann den Unterschied zwischen einem flüchtigen Kontakt und einer langfristigen beruflichen Partnerschaft ausmachen.

Ein zentraler Aspekt bei der Planung eines Networking-Events ist die Zielgruppenanalyse. Es ist wichtig, genau zu definieren, welche Personen oder Gruppen angesprochen werden sollen. Dies ermöglicht eine gezielte Ansprache und sorgt dafür, dass die Teilnehmer ein gemeinsames Interesse teilen. Die Auswahl des Veranstaltungsortes spielt ebenfalls eine entscheidende Rolle; er sollte sowohl ansprechend als auch für die Zielgruppe gut erreichbar sein.

Die Gestaltung des Programms sollte abwechslungsreich und interaktiv sein. Neben klassischen Vorträgen können Workshops oder Diskussionsrunden angeboten werden, die den Austausch fördern und das Networking erleichtern. Solche Formate bieten den Teilnehmern die Möglichkeit, sich aktiv einzubringen und ihre eigenen Erfahrungen zu teilen. Zudem sollten Pausen eingeplant werden, in denen informelle Gespräche stattfinden können – oft entstehen hier die wertvollsten Kontakte.

- **Vorbereitung der Teilnehmer:** Vor dem Event sollten alle Teilnehmer über den Ablauf informiert werden und gegebenenfalls Materialien erhalten, um sich auf Gespräche vorzubereiten.

- **Follow-up nach dem Event:** Der Erfolg eines Networking-Events zeigt sich oft erst im Nachgang durch das Follow-up mit neuen Kontakten via E-Mail oder sozialen Netzwerken.

- **Kulturelle Sensibilität:** Bei internationalen Events ist es wichtig, kulturelle Unterschiede in der Kommunikation zu berücksichtigen und respektvoll damit umzugehen.

Zusammenfassend lässt sich sagen, dass ein erfolgreiches Networking-Event weit mehr erfordert als nur einen Raum voller Menschen. Es bedarf einer sorgfältigen Planung und Durchführung sowie einer aktiven Teilnahme aller Beteiligten. Durch gezielte Maßnahmen kann nicht nur das persönliche Netzwerk erweitert werden, sondern auch wertvolle Ressourcen für zukünftige berufliche Herausforderungen erschlossen werden.

3.3 Teamarbeit und Zusammenarbeit

Teamarbeit und Zusammenarbeit sind essentielle Komponenten des modernen Berufslebens, die nicht nur die Effizienz steigern, sondern auch die Innovationskraft eines Unternehmens fördern. In einer Zeit, in der komplexe Probleme häufig interdisziplinäre Ansätze erfordern, ist die Fähigkeit zur effektiven Zusammenarbeit entscheidend für den Erfolg. Diese Fähigkeiten ermöglichen es Teams, ihre individuellen Stärken zu bündeln und gemeinsam Lösungen zu entwickeln.

Ein zentraler Aspekt erfolgreicher Teamarbeit ist die Kommunikation. Offene und transparente Kommunikationskanäle schaffen ein Umfeld, in dem Ideen frei ausgetauscht werden können. Regelmäßige Meetings und Feedback-Runden sind wichtig, um sicherzustellen, dass alle Teammitglieder auf dem gleichen Stand sind und sich aktiv an der Diskussion beteiligen können. Ein Beispiel hierfür ist das Konzept der „Daily Stand-ups", das in vielen agilen Arbeitsumgebungen eingesetzt wird. Hierbei treffen sich Teammitglieder täglich für kurze Besprechungen, um Fortschritte zu teilen und Hindernisse zu identifizieren.

Darüber hinaus spielt Vertrauen eine fundamentale Rolle in der Teamdynamik. Wenn Mitglieder einander vertrauen, sind sie eher bereit, Verantwortung zu übernehmen und Risiken einzugehen. Teambuilding-Aktivitäten können helfen, dieses Vertrauen aufzubauen. Solche Aktivitäten fördern nicht nur den persönlichen Austausch unter den Kollegen, sondern stärken auch das Gemeinschaftsgefühl innerhalb des Teams.

Ein weiterer wichtiger Faktor ist die Diversität im Team. Unterschiedliche Perspektiven führen oft zu kreativeren Lösungen und einem breiteren Spektrum an Ideen. Unternehmen sollten daher darauf achten, Teams so zusammenzustellen, dass verschiedene Hintergründe und Erfahrungen vertreten sind. Dies kann durch gezielte Rekrutierung oder durch interne Schulungsprogramme erreicht werden.

Zusammenfassend lässt sich sagen, dass erfolgreiche Teamarbeit weit über das bloße Zusammenarbeiten hinausgeht; sie erfordert eine bewusste Gestaltung von Kommunikationsstrukturen sowie Maßnahmen zur Vertrauensbildung und Diversitätspflege. Durch diese Elemente kann ein produktives Arbeitsumfeld geschaffen werden, das sowohl individuelle als auch kollektive Erfolge fördert.

4

Gutes Benehmen im Alltag

4.1 Höflichkeit im öffentlichen Raum

Höflichkeit im öffentlichen Raum ist ein entscheidender Aspekt des sozialen Miteinanders, der oft übersehen wird. In einer zunehmend hektischen und anonymen Welt kann gutes Benehmen in alltäglichen Situationen nicht nur den eigenen Eindruck verbessern, sondern auch das allgemeine Wohlbefinden der Gemeinschaft fördern. Höfliche Interaktionen tragen dazu bei, Spannungen abzubauen und ein respektvolles Miteinander zu schaffen.

Ein zentrales Element der Höflichkeit ist die Rücksichtnahme auf andere Menschen. Dies zeigt sich beispielsweise in der Art und Weise, wie wir uns in öffentlichen Verkehrsmitteln verhalten. Das Anbieten eines Sitzplatzes für ältere Menschen oder Schwangere ist eine einfache Geste, die viel bewirken kann. Auch das Vermeiden von lauten Gesprächen oder Musik sorgt dafür, dass andere Fahrgäste nicht gestört werden.

Darüber hinaus spielt die nonverbale Kommunikation eine wesentliche Rolle im öffentlichen Raum. Ein freundliches Lächeln oder ein Nicken kann oft mehr sagen als Worte und schafft sofort eine positive Atmosphäre. Wenn wir anderen Menschen mit Respekt begegnen, spiegelt sich dies in unserer Körpersprache wider – offene Gesten und Augenkontakt signalisieren Interesse und Wertschätzung.

- In Warteschlangen: Geduld zu zeigen und anderen den Vortritt zu lassen, fördert ein harmonisches Miteinander.
- Im Umgang mit Servicepersonal: Höfliche Anredeformen und Dankbarkeit können den Arbeitsalltag vieler Menschen erheblich erleichtern.
- Bei Veranstaltungen: Das Einhalten von Regeln wie dem Nicht-Reden während einer Präsentation zeigt Respekt gegenüber den Sprechenden.

Die Bedeutung von Höflichkeit im öffentlichen Raum erstreckt sich auch auf kulturelle Unterschiede. In verschiedenen Ländern können unterschiedliche Verhaltensweisen als höflich oder unhöflich wahrgenommen werden. Daher ist es wichtig, sich über lokale Gepflogenheiten zu informieren, insbesondere wenn man reist oder in multikulturellen Umgebungen arbeitet.

Letztendlich trägt jeder Einzelne durch sein Verhalten zur Schaffung einer respektvollen Gesellschaft bei. Indem wir uns bemühen, höflich zu sein – sei es durch kleine Gesten oder durch bewusstes Handeln – können wir einen positiven Einfluss auf unsere Umgebung ausüben und das soziale Klima nachhaltig verbessern.

4.2 Umgang mit Konflikten und Kritik

Der Umgang mit Konflikten und Kritik ist ein zentraler Bestandteil des sozialen Miteinanders, der oft übersehen wird. In einer Welt, in der Meinungsverschiedenheiten unvermeidlich sind, ist es entscheidend, wie wir auf diese Herausforderungen reagieren. Ein respektvoller und konstruktiver Umgang kann nicht nur persönliche Beziehungen stärken, sondern auch das allgemeine Klima in Gemeinschaften verbessern.

Ein wichtiger Aspekt im Umgang mit Konflikten ist die Fähigkeit zur aktiven Zuhörung. Oft neigen Menschen dazu, ihre eigenen Standpunkte vehement zu vertreten, ohne den anderen wirklich zuzuhören. Aktives Zuhören bedeutet, dem Gesprächspartner volle Aufmerksamkeit zu schenken und seine Perspektive ernst zu nehmen. Dies schafft eine Atmosphäre des Respekts und kann helfen, Missverständnisse auszuräumen.

Kritik sollte immer als Chance zur Verbesserung betrachtet werden. Anstatt defensiv zu reagieren oder sich angegriffen zu fühlen, ist es hilfreich, die Kritik objektiv zu analysieren. Fragen wie „Was kann ich aus dieser Rückmeldung lernen?" oder „Wie kann ich mich weiterentwickeln?" fördern eine positive Einstellung gegenüber konstruktiver Kritik. Diese Herangehensweise ermutigt auch andere dazu, offen über ihre Gedanken und Gefühle zu sprechen.

- Konflikte sollten zeitnah angesprochen werden; das Ignorieren von Problemen führt oft zu einer Eskalation.
- Die Wahl der Worte spielt eine entscheidende Rolle: Eine wertschätzende Sprache kann Spannungen abbauen.
- Es ist wichtig, die eigene Körpersprache bewusst einzusetzen; offene Gesten signalisieren Bereitschaft zum Dialog.

Darüber hinaus können Techniken wie das „Ich-Botschaften" senden anstelle von „Du-Botschaften" helfen, Vorwürfe zu vermeiden und stattdessen persönliche Empfindungen auszudrücken. Beispielsweise könnte man sagen: „Ich fühle mich übergangen", anstatt „Du hörst mir nie zu". Solche Formulierungen fördern ein respektvolles Miteinander und erleichtern die Lösungsfindung.

Letztendlich trägt jeder Einzelne durch einen respektvollen Umgang mit Konflikten und Kritik zur Schaffung eines harmonischen sozialen Klimas bei. Indem wir uns bemühen, empathisch und verständnisvoll miteinander umzugehen, können wir nicht nur unsere eigenen Beziehungen verbessern, sondern auch einen positiven Einfluss auf unsere Umgebung ausüben.

4.3 Small Talk effektiv nutzen

Small Talk ist eine Kunstform, die oft unterschätzt wird, dabei spielt sie eine entscheidende Rolle in der zwischenmenschlichen Kommunikation. Sie dient nicht nur als Eisbrecher, sondern auch als Mittel zur Beziehungspflege und zum Networking. In einer Welt, in der persönliche Interaktionen zunehmend durch digitale Kommunikation ersetzt werden, gewinnt die Fähigkeit, Small Talk effektiv zu nutzen, an Bedeutung.

Ein erfolgreicher Small Talk beginnt mit einer offenen und freundlichen Körpersprache. Ein Lächeln und Blickkontakt signalisieren Interesse und Offenheit gegenüber dem Gesprächspartner. Es ist wichtig, sich auf das Gegenüber einzustellen und Themen zu wählen, die für beide Parteien von Interesse sind. Allgemeine Themen wie das Wetter oder aktuelle Ereignisse bieten einen neutralen Einstieg und können leicht zu tiefergehenden Gesprächen führen.

Ein weiterer wichtiger Aspekt ist das aktive Zuhören. Dies bedeutet nicht nur, den Worten des anderen zuzuhören, sondern auch nonverbale Signale wahrzunehmen und darauf einzugehen. Fragen wie „Was denken Sie darüber?" oder „Haben Sie ähnliche Erfahrungen gemacht?" fördern den Dialog und zeigen echtes Interesse am Gesprächspartner. Solche Fragen helfen dabei, das Gespräch lebendig zu halten und eine Verbindung aufzubauen.

Darüber hinaus kann Humor eine wertvolle Ergänzung im Small Talk sein. Ein gut platzierter Witz oder eine humorvolle Bemerkung lockert die Atmosphäre auf und schafft eine positive Stimmung. Es ist jedoch wichtig, sensibel für den Kontext zu sein; was in einem Umfeld lustig ist, könnte in einem anderen unangebracht wirken.

- Vermeiden Sie kontroverse Themen wie Politik oder Religion beim ersten Kennenlernen.
- Seien Sie authentisch: Teilen Sie eigene Erlebnisse oder Gedanken ohne übertriebenen Selbstbezug.
- Nehmen Sie Rücksicht auf kulturelle Unterschiede; was in einer Kultur normal ist, kann in einer anderen unhöflich wirken.

Letztendlich trägt effektiver Small Talk dazu bei, Netzwerke auszubauen und Beziehungen zu vertiefen. Indem wir uns bemühen, empathisch zuzuhören und authentisch zu kommunizieren, schaffen wir nicht nur angenehme Gespräche, sondern legen auch den Grundstein für langfristige Verbindungen.

5

Nonverbale Kommunikation verstehen

5.1 Körpersprache entschlüsseln

Körpersprache ist ein wesentlicher Bestandteil der nonverbalen Kommunikation und spielt eine entscheidende Rolle in unseren zwischenmenschlichen Interaktionen. Sie umfasst Gesten, Mimik, Körperhaltung und sogar den Abstand, den wir zu anderen Menschen halten. Das Verständnis der Körpersprache ermöglicht es uns, die Emotionen und Absichten anderer besser zu erkennen und unsere eigenen Botschaften klarer zu vermitteln.

Ein zentraler Aspekt der Körpersprache ist die Mimik. Gesichtsausdrücke können oft mehr sagen als Worte. Ein Lächeln kann Freundlichkeit signalisieren, während ein Stirnrunzeln auf Unbehagen oder Missbilligung hinweisen kann. Studien zeigen, dass Menschen in der Lage sind, Emotionen wie Freude, Trauer oder Wut innerhalb von Sekundenbruchteilen zu erkennen. Diese Fähigkeit ist nicht nur für persönliche Beziehungen wichtig, sondern auch im Berufsleben von Bedeutung – etwa bei Vorstellungsgesprächen oder Verhandlungen.

Die Körperhaltung ist ein weiterer wichtiger Indikator für unsere innere Einstellung. Eine offene Haltung mit entspannten Schultern und direktem Blickkontakt signalisiert Selbstbewusstsein und Offenheit. Im Gegensatz dazu kann eine geschlossene Haltung – wie verschränkte Arme oder gesenkter Blick – Unsicherheit oder Desinteresse ausdrücken. In einem beruflichen Kontext kann dies entscheidend sein: Führungskräfte sollten sich ihrer Körpersprache bewusst sein, um Vertrauen und Autorität auszustrahlen.

- **Gestik:** Die Art und Weise, wie wir unsere Hände verwenden, kann unsere Worte unterstützen oder ihnen widersprechen. Übermäßige Gestikulation kann Nervosität verraten, während gezielte Bewegungen das Gesagte unterstreichen.

- **Proxemik:** Der physische Abstand zwischen Gesprächspartnern variiert je nach Kultur und Situation. Zu nahes Stehen kann als invasiv empfunden werden, während zu großer Abstand Distanz schaffen kann.

- **Kulturelle Unterschiede:** Es ist wichtig zu beachten, dass Körpersprache kulturell geprägt ist; was in einer Kultur als positiv gilt, könnte in einer anderen negativ interpretiert werden.

Zusammenfassend lässt sich sagen, dass das Entschlüsseln von Körpersprache eine wertvolle Fähigkeit darstellt, die sowohl im persönlichen als auch im beruflichen Leben von großem Nutzen sein kann. Durch das bewusste Beobachten und Interpretieren nonverbaler

Signale können wir unsere Kommunikationsfähigkeiten erheblich verbessern und tiefere Beziehungen aufbauen.

5.2 Mimik und Gestik gezielt einsetzen

Die bewusste Anwendung von Mimik und Gestik ist ein entscheidender Faktor in der nonverbalen Kommunikation, der oft über den Erfolg oder Misserfolg einer Interaktion entscheidet. In vielen Situationen, sei es im persönlichen Gespräch oder im beruflichen Umfeld, können die richtigen Gesichtsausdrücke und Handbewegungen die Botschaft verstärken oder sogar verändern. Ein gezielter Einsatz dieser Elemente kann dazu beitragen, Vertrauen aufzubauen, Emotionen zu vermitteln und Missverständnisse zu vermeiden.

Mimik spielt eine zentrale Rolle dabei, wie wir unsere Gefühle ausdrücken. Ein Lächeln kann beispielsweise Offenheit und Freundlichkeit signalisieren, während ein ernstes Gesicht möglicherweise Entschlossenheit oder Nachdenklichkeit vermittelt. Um diese Ausdrucksformen effektiv einzusetzen, sollten wir uns der eigenen Emotionen bewusst sein und lernen, sie durch unser Gesicht auszudrücken. Dies erfordert Übung; das regelmäßige Üben vor einem Spiegel kann helfen, die eigene Mimik zu verfeinern und sicherzustellen, dass sie mit den verbalen Botschaften übereinstimmt.

Gestik ergänzt die verbale Kommunikation auf kraftvolle Weise. Durch gezielte Handbewegungen können wir unsere Aussagen unterstreichen oder wichtige Punkte hervorheben. Eine offene Handhaltung signalisiert beispielsweise Bereitschaft zur Zusammenarbeit, während verschränkte Arme oft als defensiv wahrgenommen werden. Es ist wichtig zu beachten, dass übermäßige Gestikulation als unruhig oder nervös interpretiert werden kann; daher sollte die Gestik immer in einem angemessenen Rahmen bleiben.

Kulturelle Unterschiede spielen ebenfalls eine bedeutende Rolle beim Einsatz von Mimik und Gestik. Was in einer Kultur als positiv gilt – wie intensives Augenkontakt halten – könnte in einer anderen als unangemessen empfunden werden. Daher ist es ratsam, sich über kulturelle Normen zu informieren, insbesondere wenn man international kommuniziert.

Zusammenfassend lässt sich sagen, dass das gezielte Einsetzen von Mimik und Gestik nicht nur unsere Kommunikationsfähigkeiten verbessert, sondern auch tiefere zwischenmenschliche Beziehungen fördert. Indem wir lernen, diese nonverbalen Signale bewusst einzusetzen und anzupassen, können wir effektiver kommunizieren und Missverständnisse minimieren.

5.3 Der Einfluss nonverbaler Signale auf die Wahrnehmung

Nonverbale Signale spielen eine entscheidende Rolle in der Art und Weise, wie wir Informationen wahrnehmen und interpretieren. Sie beeinflussen nicht nur unsere eigenen Emotionen, sondern auch die Reaktionen anderer Menschen auf uns. Die Wahrnehmung wird durch Mimik, Gestik, Körperhaltung und sogar durch den Tonfall stark geprägt. Diese nonverbalen Elemente können oft mehr sagen als Worte selbst und sind daher von zentraler Bedeutung für die zwischenmenschliche Kommunikation.

Ein Beispiel für den Einfluss nonverbaler Signale ist die Wirkung von Augenkontakt. In vielen Kulturen wird direkter Augenkontakt als Zeichen von Interesse und Engagement angesehen. Fehlt dieser Kontakt jedoch, kann dies als Desinteresse oder Unsicherheit interpretiert werden. Studien zeigen, dass Menschen mit einem offenen und freundlichen Blick eher als vertrauenswürdig wahrgenommen werden, was sich direkt auf ihre Fähigkeit auswirkt, Beziehungen aufzubauen und zu pflegen.

Körperhaltung ist ein weiteres wichtiges nonverbales Signal. Eine offene Haltung – beispielsweise das Sitzen mit entspannten Schultern und einer leichten Vorwärtsneigung – signalisiert Offenheit und Bereitschaft zur Interaktion. Im Gegensatz dazu kann eine geschlossene Haltung, wie das Verschränken der Arme oder das Abwenden des Körpers, negative Assoziationen hervorrufen und Barrieren in der Kommunikation schaffen.

Zusätzlich beeinflussen kulturelle Unterschiede die Interpretation nonverbaler Signale erheblich. Was in einer Kultur als höflich gilt – etwa das Nicken während eines Gesprächs – könnte in einer anderen als unangemessen empfunden werden. Daher ist es wichtig, sich über kulturelle Normen im Klaren zu sein, insbesondere in multikulturellen Umgebungen oder bei internationalen Begegnungen.

Zusammenfassend lässt sich sagen, dass nonverbale Signale einen tiefgreifenden Einfluss auf unsere Wahrnehmung haben. Sie formen nicht nur unsere eigenen Emotionen und Einstellungen gegenüber anderen, sondern prägen auch deren Reaktionen auf uns. Ein bewusster Umgang mit diesen Signalen kann helfen, Missverständnisse zu vermeiden und effektivere Kommunikationsstrategien zu entwickeln.

6

Kulturelle Unterschiede im Benehmen

6.1 Interkulturelle Kommunikation verstehen

Interkulturelle Kommunikation ist ein entscheidender Aspekt in einer zunehmend globalisierten Welt. Sie bezieht sich auf den Austausch von Informationen und Bedeutungen zwischen Menschen aus unterschiedlichen kulturellen Hintergründen. Das Verständnis dieser Form der Kommunikation ist nicht nur für internationale Geschäftsbeziehungen von Bedeutung, sondern auch für persönliche Interaktionen, die über nationale Grenzen hinausgehen.

Ein zentrales Element der interkulturellen Kommunikation ist das Bewusstsein für kulturelle Unterschiede in Werten, Normen und Verhaltensweisen. Beispielsweise kann in einigen Kulturen direkte Konfrontation als unhöflich angesehen werden, während sie in anderen als Zeichen von Ehrlichkeit und Offenheit geschätzt wird. Solche Unterschiede können Missverständnisse hervorrufen, wenn sie nicht erkannt oder respektiert werden.

Die Fähigkeit, nonverbale Signale zu deuten, spielt ebenfalls eine wesentliche Rolle. Körpersprache, Mimik und Gestik variieren stark zwischen verschiedenen Kulturen. In vielen asiatischen Ländern beispielsweise wird Augenkontakt oft vermieden, um Respekt zu zeigen, während er in westlichen Kulturen häufig als Zeichen von Interesse und Engagement gilt. Ein Missverständnis dieser nonverbalen Hinweise kann dazu führen, dass Kommunikationspartner sich falsch interpretieren.

Darüber hinaus ist es wichtig zu erkennen, dass Sprache nicht nur ein Mittel zur Übertragung von Informationen ist; sie trägt auch kulturelle Identität und Werte mit sich. Der Gebrauch bestimmter Ausdrücke oder Redewendungen kann tiefere Bedeutungen haben, die außerhalb des sprachlichen Kontexts schwer zu erfassen sind. Daher sollten Kommunikatoren sensibel gegenüber den Nuancen der Sprache sein und bereit sein, ihre Ausdrucksweise anzupassen.

Um interkulturelle Kommunikationsfähigkeiten zu entwickeln, sind Schulungen und praktische Erfahrungen unerlässlich. Workshops zur interkulturellen Sensibilisierung können helfen, Vorurteile abzubauen und das Verständnis für andere Kulturen zu fördern. Zudem können Reisen oder der Kontakt mit Menschen aus verschiedenen Kulturkreisen wertvolle Einblicke bieten.

Insgesamt erfordert erfolgreiche interkulturelle Kommunikation Empathie, Geduld und die Bereitschaft zur Anpassung an unterschiedliche Kommunikationsstile. Indem wir diese Fähigkeiten kultivieren, können wir nicht nur Missverständnisse vermeiden, sondern auch tiefere Beziehungen aufbauen und unsere sozialen Kompetenzen erweitern.

6.2 Anpassung an verschiedene kulturelle Kontexte

Die Anpassung an verschiedene kulturelle Kontexte ist ein entscheidender Faktor für den Erfolg in der interkulturellen Kommunikation. In einer globalisierten Welt, in der Menschen aus unterschiedlichen Kulturen regelmäßig miteinander interagieren, ist es unerlässlich, die eigenen Verhaltensweisen und Kommunikationsstile flexibel zu gestalten. Diese Fähigkeit zur Anpassung fördert nicht nur das Verständnis, sondern auch die Zusammenarbeit zwischen Individuen und Gruppen.

Ein wichtiger Aspekt dieser Anpassungsfähigkeit ist das Bewusstsein für kulturelle Normen und Werte. Beispielsweise kann die Art und Weise, wie Zeit wahrgenommen wird, stark variieren: Während in vielen westlichen Kulturen Pünktlichkeit als Zeichen von Professionalität gilt, wird in einigen südamerikanischen oder afrikanischen Kulturen eine flexiblere Auffassung von Zeit praktiziert. Hier ist es wichtig, sich auf die jeweilige Kultur einzustellen und gegebenenfalls eigene Erwartungen zu hinterfragen.

Darüber hinaus spielt die Sprache eine zentrale Rolle bei der Anpassung an unterschiedliche kulturelle Kontexte. Der Gebrauch von Fachjargon oder idiomatischen Ausdrücken kann in einem internationalen Umfeld zu Missverständnissen führen. Daher sollten Kommunikatoren darauf achten, klare und einfache Sprache zu verwenden sowie bereit sein, ihre Ausdrucksweise je nach Publikum anzupassen. Dies zeigt Respekt gegenüber den Gesprächspartnern und erleichtert den Austausch von Ideen.

Ein weiterer bedeutender Punkt ist die Sensibilität gegenüber nonverbalen Signalen. Gestik, Mimik und Körperhaltung können je nach Kultur unterschiedliche Bedeutungen haben. In einigen asiatischen Ländern beispielsweise wird Zurückhaltung als höflich angesehen, während in anderen Kulturen offenes Lachen oder körperliche Nähe geschätzt werden kann. Das Erkennen dieser Unterschiede ermöglicht es Individuen, Missverständnisse zu vermeiden und effektivere Beziehungen aufzubauen.

Schließlich erfordert die Anpassung an verschiedene kulturelle Kontexte auch eine gewisse emotionale Intelligenz. Empathie und Geduld sind entscheidend, um sich auf andere Perspektiven einzulassen und deren Sichtweisen wertzuschätzen. Durch aktives Zuhören und das Stellen offener Fragen können tiefere Einblicke gewonnen werden, was letztendlich zu einer harmonischeren Interaktion führt.

6.3 Fallstudien internationaler Interaktionen

Die Analyse von Fallstudien internationaler Interaktionen bietet wertvolle Einblicke in die Komplexität interkultureller Kommunikation und das Verständnis kultureller Unterschiede im Benehmen. Diese Studien verdeutlichen, wie unterschiedliche kulturelle Hintergründe das Verhalten und die Erwartungen der Beteiligten beeinflussen können. Durch konkrete Beispiele wird deutlich, wie wichtig es ist, sich auf verschiedene kulturelle Kontexte einzustellen, um Missverständnisse zu vermeiden und erfolgreiche Beziehungen aufzubauen.

Ein bemerkenswertes Beispiel ist die Zusammenarbeit zwischen einem deutschen Unternehmen und einem indischen Partner. In diesem Fall stellte sich heraus, dass die deutsche Seite eine klare Struktur und Pünktlichkeit erwartete, während die indische Seite eine flexiblere Auffassung von Zeit hatte. Dies führte zunächst zu Spannungen, da Meetings häufig nicht pünktlich begannen oder Entscheidungen verzögert wurden. Um diese Differenzen zu überwinden, wurde ein interkulturelles Training für beide Teams organisiert. Hierbei lernten die Teilnehmer nicht nur über ihre eigenen kulturellen Normen, sondern auch über die des jeweils anderen. Diese Sensibilisierung half beiden Seiten, ihre Erwartungen anzupassen und effektiver zusammenzuarbeiten.

Ein weiteres Beispiel zeigt eine internationale Konferenz in den USA mit Teilnehmern aus verschiedenen Ländern. Während der Veranstaltung kam es zu Missverständnissen aufgrund unterschiedlicher Kommunikationsstile: Einige asiatische Teilnehmer waren zurückhaltend und sprachen weniger offen über ihre Meinungen, was von den westlichen Kollegen als Desinteresse interpretiert wurde. Um diese Barrieren abzubauen, wurden Workshops zur Förderung aktiven Zuhörens angeboten. Die Teilnehmer lernten Techniken zur Verbesserung ihrer nonverbalen Kommunikation sowie Strategien zur Schaffung eines respektvollen Dialogs.

Diese Fallstudien verdeutlichen nicht nur die Herausforderungen interkultureller Interaktionen, sondern auch die Möglichkeiten zur Verbesserung durch gezielte Schulungsmaßnahmen und einen offenen Austausch über kulturelle Unterschiede. Solche Erfahrungen sind entscheidend für das Verständnis der globalisierten Welt von heute und fördern langfristige Kooperationen zwischen internationalen Partnern.

7

Emotionale Intelligenz entwickeln

7.1 Selbstbewusstsein stärken

Selbstbewusstsein ist eine fundamentale Komponente der emotionalen Intelligenz und spielt eine entscheidende Rolle in der persönlichen und beruflichen Entwicklung. Es beeinflusst nicht nur, wie wir uns selbst wahrnehmen, sondern auch, wie andere uns wahrnehmen. Ein starkes Selbstbewusstsein ermöglicht es uns, Herausforderungen mit Zuversicht zu begegnen und unsere Fähigkeiten effektiv einzusetzen.

Um das Selbstbewusstsein zu stärken, ist es wichtig, sich zunächst seiner eigenen Stärken und Schwächen bewusst zu werden. Eine ehrliche Selbstreflexion kann helfen, ein realistisches Bild von sich selbst zu entwickeln. Dies kann durch Journaling oder regelmäßige Feedbackgespräche mit vertrauenswürdigen Personen geschehen. Indem man die eigenen Erfolge dokumentiert und analysiert, wird es einfacher, positive Eigenschaften zu erkennen und auszubauen.

Ein weiterer wichtiger Aspekt ist die Zielsetzung. Klare, erreichbare Ziele geben Orientierung und fördern das Gefühl der Kontrolle über das eigene Leben. Wenn wir kleine Erfolge erzielen, stärkt dies unser Selbstvertrauen erheblich. Es ist ratsam, diese Ziele in kleinere Schritte zu unterteilen und jeden Fortschritt zu feiern – sei es im Beruf oder im Privatleben.

- Praktizieren Sie positive Affirmationen: Wiederholen Sie täglich Sätze wie „Ich bin kompetent" oder „Ich verdiene Erfolg", um Ihr Unterbewusstsein positiv zu beeinflussen.

- Suchen Sie Herausforderungen: Stellen Sie sich neuen Situationen oder Aufgaben, um Ihre Komfortzone zu erweitern und Ihre Fähigkeiten unter Beweis zu stellen.

- Lernen Sie aus Misserfolgen: Anstatt Rückschläge als Niederlagen zu betrachten, sehen Sie sie als Lernmöglichkeiten an.

Zusätzlich spielt die Körpersprache eine wesentliche Rolle bei der Wahrnehmung des Selbstbewusstseins. Eine aufrechte Haltung, Augenkontakt und ein fester Händedruck können nicht nur den Eindruck auf andere verbessern, sondern auch das eigene Gefühl von Sicherheit steigern. Durch bewusstes Üben dieser nonverbalen Signale kann man sein Selbstbild aktiv beeinflussen.

Insgesamt erfordert die Stärkung des Selbstbewusstseins Zeit und Engagement. Doch durch kontinuierliche Arbeit an sich selbst können wir nicht nur unser eigenes Leben bereichern, sondern auch unsere Beziehungen und beruflichen Möglichkeiten erheblich verbessern.

7.2 Empathie fördern

Empathie ist eine zentrale Fähigkeit innerhalb der emotionalen Intelligenz, die es uns ermöglicht, die Gefühle und Perspektiven anderer Menschen zu verstehen und nachzuvollziehen. Sie spielt eine entscheidende Rolle in zwischenmenschlichen Beziehungen, sowohl im privaten als auch im beruflichen Kontext. Durch das Fördern von Empathie können wir nicht nur unsere sozialen Fähigkeiten verbessern, sondern auch ein harmonischeres Miteinander schaffen.

Um Empathie zu entwickeln, ist es wichtig, aktiv zuzuhören. Dies bedeutet mehr als nur den Worten des Gegenübers zu folgen; es erfordert auch, nonverbale Signale wie Körpersprache und Mimik wahrzunehmen. Ein Beispiel hierfür wäre, während eines Gesprächs Augenkontakt zu halten und auf die Emotionen des anderen zu reagieren. Indem wir zeigen, dass wir wirklich interessiert sind und ihre Gefühle ernst nehmen, schaffen wir eine vertrauensvolle Atmosphäre.

Ein weiterer Ansatz zur Förderung von Empathie ist das Praktizieren von Perspektivwechseln. Dies kann durch gezielte Übungen geschehen, bei denen man sich in die Lage einer anderen Person versetzt. Eine Methode könnte sein, sich vorzustellen, wie man selbst in einer bestimmten Situation fühlen würde oder welche Herausforderungen der andere möglicherweise erlebt. Solche Übungen helfen dabei, Vorurteile abzubauen und ein tieferes Verständnis für unterschiedliche Lebensrealitäten zu entwickeln.

Zudem kann das Lesen von Literatur oder das Anschauen von Filmen mit komplexen Charakteren dazu beitragen, empathische Fähigkeiten auszubilden. Geschichten ermöglichen es uns oft, tiefere emotionale Verbindungen herzustellen und verschiedene Sichtweisen kennenzulernen. Diese Form der emotionalen Auseinandersetzung fördert nicht nur unser Mitgefühl für fiktive Charaktere, sondern schult auch unsere Fähigkeit zur Empathie im realen Leben.

Schließlich ist es wichtig zu betonen, dass Empathie nicht gleichbedeutend mit Zustimmung ist. Es geht darum, die Gefühle anderer anzuerkennen und wertzuschätzen, ohne notwendigerweise deren Standpunkt teilen zu müssen. Diese Differenzierung hilft uns dabei, respektvoller miteinander umzugehen und Konflikte konstruktiv zu lösen.

7.3 Emotionen in der Kommunikation steuern

Die Fähigkeit, Emotionen in der Kommunikation zu steuern, ist ein wesentlicher Bestandteil emotionaler Intelligenz und spielt eine entscheidende Rolle in der Art und Weise, wie wir mit anderen interagieren. Diese Fähigkeit ermöglicht es uns, unsere eigenen Emotionen bewusst zu regulieren und die emotionalen Reaktionen unserer Gesprächspartner zu beeinflussen. Durch gezielte Steuerung von Emotionen können Missverständnisse vermieden und konstruktive Dialoge gefördert werden.

Ein zentraler Aspekt dieser Steuerung ist das Verständnis für die eigene emotionale Verfassung. Indem wir uns unserer eigenen Gefühle bewusst sind, können wir besser einschätzen, wie diese unsere Kommunikation beeinflussen. Beispielsweise kann Wut oder Frustration dazu führen, dass wir impulsiv reagieren und möglicherweise verletzende Worte wählen. Ein bewusster Umgang mit diesen Emotionen erfordert oft Techniken wie Atemübungen oder kurze Pausen während eines Gesprächs, um einen klareren Kopf zu bekommen.

Darüber hinaus ist es wichtig, die Emotionen des Gegenübers wahrzunehmen und angemessen darauf zu reagieren. Dies geschieht durch aktives Zuhören und das Erkennen nonverbaler Signale wie Körpersprache oder Mimik. Wenn jemand beispielsweise traurig wirkt, kann ein empathisches Nachfragen helfen, die Situation zu entschärfen und Vertrauen aufzubauen. Solche Reaktionen zeigen nicht nur Verständnis, sondern fördern auch eine positive Kommunikationsatmosphäre.

Ein weiterer effektiver Ansatz zur Steuerung von Emotionen in der Kommunikation ist die Verwendung von „Ich-Botschaften". Anstatt Vorwürfe zu formulieren oder den anderen anzugreifen („Du machst immer..."), drücken „Ich-Botschaften" aus, wie bestimmte Verhaltensweisen auf uns wirken („Ich fühle mich übergangen..."). Diese Technik reduziert defensives Verhalten beim Gesprächspartner und fördert eine offenere Diskussion.

Zusammenfassend lässt sich sagen, dass die Fähigkeit zur Steuerung von Emotionen in der Kommunikation nicht nur unsere zwischenmenschlichen Beziehungen verbessert, sondern auch dazu beiträgt, Konflikte konstruktiv zu lösen. Durch Selbstbewusstsein und Empathie schaffen wir eine Grundlage für respektvolle Interaktionen.

8

Der erste Eindruck zählt

8.1 Die Psychologie des ersten Eindrucks

Der erste Eindruck ist ein entscheidender Faktor in der zwischenmenschlichen Kommunikation und beeinflusst, wie wir wahrgenommen werden. Psychologische Studien zeigen, dass Menschen innerhalb von Sekundenbruchteilen eine Meinung über andere bilden, die oft schwer zu ändern ist. Diese schnelle Urteilsbildung basiert auf verschiedenen Faktoren, darunter Aussehen, Körpersprache und verbale Kommunikation.

Ein zentraler Aspekt der Psychologie des ersten Eindrucks ist die sogenannte „Halo-Effekt". Dieser beschreibt das Phänomen, dass positive Eigenschaften einer Person dazu führen können, dass auch andere Merkmale als positiv wahrgenommen werden. Beispielsweise wird jemand, der gut gekleidet und selbstbewusst auftritt, häufig auch als kompetent oder freundlich eingeschätzt – unabhängig von den tatsächlichen Fähigkeiten oder dem Charakter dieser Person.

Ein weiterer wichtiger Punkt ist die Rolle der nonverbalen Kommunikation. Körpersprache kann oft mehr sagen als Worte. Ein offenes Lächeln oder ein fester Händedruck können Vertrauen schaffen und Sympathie wecken. Umgekehrt können verschlossene Körperhaltungen oder fehlender Augenkontakt negative Eindrücke hinterlassen. In vielen Kulturen sind diese nonverbalen Signale unterschiedlich interpretiert; daher ist es wichtig, sich der kulturellen Kontexte bewusst zu sein.

Zusätzlich spielt die emotionale Intelligenz eine wesentliche Rolle bei der Bildung erster Eindrücke. Personen mit hoher emotionaler Intelligenz sind besser darin, soziale Signale zu lesen und angemessen darauf zu reagieren. Sie können Empathie zeigen und sich in andere hineinversetzen, was ihre Fähigkeit verbessert, positive Beziehungen aufzubauen.

Die Bedeutung des ersten Eindrucks erstreckt sich nicht nur auf persönliche Begegnungen; auch im beruflichen Kontext kann er über Erfolg oder Misserfolg entscheiden. Bei Vorstellungsgesprächen beispielsweise haben Bewerber oft nur wenige Minuten Zeit, um einen bleibenden Eindruck zu hinterlassen. Daher sollten sie sich nicht nur auf ihre fachlichen Qualifikationen konzentrieren, sondern auch darauf achten, wie sie sich präsentieren und kommunizieren.

Insgesamt zeigt die Psychologie des ersten Eindrucks deutlich: Die Art und Weise, wie wir uns verhalten und auftreten, hat weitreichende Auswirkungen auf unsere sozialen Interaktionen und letztlich auf unseren persönlichen sowie beruflichen Erfolg.

8.2 Strategien zur positiven Selbstdarstellung

Die Fähigkeit zur positiven Selbstdarstellung ist entscheidend, um in sozialen und beruflichen Kontexten einen bleibenden Eindruck zu hinterlassen. Diese Strategien helfen nicht nur dabei, das eigene Selbstbewusstsein zu stärken, sondern auch die Wahrnehmung durch andere positiv zu beeinflussen. Ein bewusster Umgang mit der eigenen Präsentation kann den Unterschied zwischen Erfolg und Misserfolg ausmachen.

Eine der effektivsten Strategien ist die Entwicklung eines authentischen persönlichen Stils. Dies umfasst sowohl die Wahl der Kleidung als auch die Art und Weise, wie man sich gibt. Menschen neigen dazu, Authentizität zu schätzen; daher sollte man darauf achten, dass das äußere Erscheinungsbild die eigene Persönlichkeit widerspiegelt. Ein gut gewähltes Outfit kann nicht nur das Selbstbewusstsein steigern, sondern auch das Vertrauen anderer gewinnen.

Körpersprache spielt ebenfalls eine zentrale Rolle in der Selbstdarstellung. Offene Gesten, ein fester Händedruck und regelmäßiger Augenkontakt signalisieren Selbstsicherheit und Offenheit. Es ist wichtig, sich bewusst zu sein, wie nonverbale Signale interpretiert werden können. Beispielsweise kann eine entspannte Körperhaltung dazu beitragen, dass andere sich in Ihrer Gegenwart wohlfühlen.

Ein weiterer Aspekt ist die verbale Kommunikation. Die Art und Weise, wie man spricht – einschließlich Tonfall und Wortwahl – hat großen Einfluss auf den ersten Eindruck. Klare und prägnante Ausdrucksweise vermittelt Kompetenz und Überzeugungskraft. Zudem sollte man aktiv zuhören; dies zeigt Respekt gegenüber dem Gesprächspartner und fördert eine positive Interaktion.

- **Selbstreflexion:** Regelmäßige Selbstreflexion hilft dabei, Stärken und Schwächen zu erkennen und gezielt an der eigenen Selbstdarstellung zu arbeiten.
- **Feedback einholen:** Konstruktives Feedback von Freunden oder Kollegen kann wertvolle Einsichten bieten und helfen, blinde Flecken in der eigenen Wahrnehmung zu identifizieren.
- **Übung:** Rollenspiele oder Simulationen von Vorstellungsgesprächen können helfen, Sicherheit im Auftreten zu gewinnen.

Letztlich erfordert positive Selbstdarstellung Übung und Bewusstsein für die eigene Wirkung auf andere. Durch gezielte Strategien lässt sich nicht nur das persönliche Image verbessern, sondern auch die Qualität zwischenmenschlicher Beziehungen nachhaltig steigern.

8.3 Kleidung und Auftreten als Kommunikationsmittel

Kleidung und Auftreten sind entscheidende Elemente der nonverbalen Kommunikation, die oft unbewusst wahrgenommen werden. Sie beeinflussen nicht nur den ersten Eindruck, sondern auch die Art und Weise, wie wir von anderen wahrgenommen werden. In einer Welt, in der visuelle Eindrücke eine zentrale Rolle spielen, ist es unerlässlich, sich der Wirkung des eigenen Erscheinungsbildes bewusst zu sein.

Die Wahl der Kleidung kann verschiedene Botschaften senden. Beispielsweise signalisiert formelle Kleidung Professionalität und Ernsthaftigkeit, während legere Outfits eher für Kreativität und Offenheit stehen können. In vielen beruflichen Kontexten wird von Mitarbeitern erwartet, dass sie sich entsprechend dem Unternehmensimage kleiden. Ein gut durchdachtes Outfit kann das Selbstbewusstsein stärken und gleichzeitig das Vertrauen anderer gewinnen.

Ein weiterer wichtiger Aspekt ist die Körperhaltung. Eine aufrechte Haltung vermittelt Selbstsicherheit und Autorität. Menschen neigen dazu, Personen mit offener Körpersprache als zugänglicher und vertrauenswürdiger wahrzunehmen. Ein fester Händedruck oder ein freundliches Lächeln können ebenfalls entscheidend sein, um positive zwischenmenschliche Beziehungen aufzubauen.

Darüber hinaus spielt die Farbwahl eine bedeutende Rolle in der Wahrnehmung. Farben haben psychologische Effekte; so wird Blau oft mit Vertrauen assoziiert, während Rot Energie und Leidenschaft ausstrahlt. Die bewusste Auswahl von Farben kann daher gezielt eingesetzt werden, um bestimmte Emotionen oder Reaktionen hervorzurufen.

In sozialen Interaktionen ist es wichtig zu beachten, dass Kleidung nicht nur persönliche Vorlieben widerspiegelt, sondern auch kulturelle Kontexte berücksichtigt werden sollten. Was in einer Kultur als angemessen gilt, kann in einer anderen als unangemessen empfunden werden. Daher ist interkulturelle Sensibilität bei der Wahl des Outfits besonders relevant.

Letztlich ist das Zusammenspiel von Kleidung und Auftreten ein kraftvolles Kommunikationsmittel. Es erfordert Achtsamkeit und Reflexion über die eigene Wirkung auf andere sowie über die Botschaften, die durch das äußere Erscheinungsbild gesendet werden.

9

Digitale Etikette in der modernen Welt

9.1 Professionelle Online-Kommunikation

In der heutigen digitalen Welt ist die professionelle Online-Kommunikation von entscheidender Bedeutung für den Erfolg in nahezu jedem Berufsfeld. Die Art und Weise, wie wir uns online ausdrücken, beeinflusst nicht nur unsere beruflichen Beziehungen, sondern auch unser persönliches Image. Ein klarer und respektvoller Kommunikationsstil kann Türen öffnen, während Missverständnisse oder unhöfliche Äußerungen schnell zu einem negativen Eindruck führen können.

Ein zentraler Aspekt der professionellen Online-Kommunikation ist die Wahl des richtigen Mediums. E-Mails sind nach wie vor das bevorzugte Kommunikationsmittel im Berufsleben, jedoch sollten sie stets mit Bedacht eingesetzt werden. Eine gut strukturierte E-Mail sollte eine klare Betreffzeile, eine höfliche Anrede und einen präzisen Inhalt enthalten. Zudem ist es wichtig, den Tonfall an die jeweilige Situation anzupassen – formell bei Geschäftspartnern und informeller bei Kollegen.

Darüber hinaus spielt die nonverbale Kommunikation auch in der digitalen Welt eine Rolle. Emojis oder GIFs können in bestimmten Kontexten hilfreich sein, um Emotionen auszudrücken oder den Ton aufzulockern; jedoch besteht die Gefahr, dass sie missverstanden werden oder unprofessionell wirken. Daher sollte man sich bewusst sein, wann und wie solche Elemente eingesetzt werden.

- Die Verwendung von klaren und präzisen Formulierungen hilft Missverständnisse zu vermeiden.
- Aktives Zuhören in virtuellen Meetings zeigt Respekt gegenüber den Gesprächspartnern.
- Kulturelle Unterschiede sollten berücksichtigt werden, insbesondere in internationalen Teams.

Ein weiterer wichtiger Punkt ist die Reaktionszeit auf Nachrichten. In einer schnelllebigen Arbeitswelt wird von uns erwartet, dass wir zeitnah auf Anfragen reagieren. Dies zeigt nicht nur Professionalität, sondern auch Wertschätzung gegenüber dem Absender. Schließlich ist es unerlässlich, sich über Datenschutzrichtlinien im Klaren zu sein und sensible Informationen sicher zu behandeln.

Zusammenfassend lässt sich sagen, dass professionelle Online-Kommunikation weit mehr umfasst als nur das Verfassen von Nachrichten. Sie erfordert ein tiefes Verständnis für zwischenmenschliche Dynamiken sowie ein hohes Maß an Empathie und Respekt gegenüber anderen – Eigenschaften, die letztlich den Unterschied zwischen einem guten und einem hervorragenden Kommunikator ausmachen können.

9.2 Social Media Verhalten

Das Verhalten in sozialen Medien ist ein entscheidender Aspekt der digitalen Etikette, da es nicht nur das persönliche Image beeinflusst, sondern auch die Wahrnehmung von Unternehmen und Marken prägt. In einer Zeit, in der Informationen in Sekundenschnelle verbreitet werden können, ist es unerlässlich, sich der eigenen Online-Präsenz bewusst zu sein und verantwortungsbewusst zu handeln.

Ein zentraler Punkt im Umgang mit sozialen Medien ist die Authentizität. Nutzer sollten darauf achten, dass ihre Beiträge ehrlich und transparent sind. Dies fördert nicht nur das Vertrauen innerhalb der Community, sondern trägt auch dazu bei, eine positive Online-Reputation aufzubauen. Beispielsweise kann ein Unternehmen durch authentische Einblicke hinter die Kulissen oder durch das Teilen von Kundenfeedback eine engere Bindung zu seiner Zielgruppe aufbauen.

Darüber hinaus spielt die Interaktion mit anderen Nutzern eine wesentliche Rolle. Respektvolle Kommentare und konstruktive Kritik sind wichtig für einen positiven Austausch. Es ist ratsam, auf negative Kommentare oder Kritik professionell zu reagieren und diese als Chance zur Verbesserung zu sehen. Ein Beispiel hierfür wäre ein Restaurant, das auf eine negative Bewertung reagiert und dem Gast anbietet, seine Erfahrung direkt zu besprechen – dies zeigt Engagement und Wertschätzung gegenüber den Kunden.

Ein weiterer Aspekt des Social Media Verhaltens betrifft den Umgang mit sensiblen Themen. In einer zunehmend polarisierten Welt ist es wichtig, sich über die Auswirkungen seiner Äußerungen bewusst zu sein. Das Teilen von kontroversen Meinungen kann schnell zu Konflikten führen; daher sollte man stets abwägen, ob ein Beitrag wirklich notwendig ist oder ob er möglicherweise mehr Schaden als Nutzen anrichtet.

- Die Verwendung von Hashtags sollte strategisch erfolgen; sie helfen dabei, Inhalte sichtbar zu machen und relevante Diskussionen anzuregen.
- Privatsphäre-Einstellungen sind entscheidend: Nutzer sollten regelmäßig überprüfen, wer Zugriff auf ihre Inhalte hat.
- Kreativität in Beiträgen kann dazu beitragen, Aufmerksamkeit zu erregen; jedoch sollte sie nie auf Kosten der Integrität gehen.

Zusammenfassend lässt sich sagen, dass das Verhalten in sozialen Medien weitreichende Konsequenzen haben kann. Ein respektvoller und authentischer Umgang fördert nicht nur persönliche Beziehungen, sondern stärkt auch das öffentliche Bild von Individuen und Organisationen gleichermaßen.

9.3 Virtuelle Meetings erfolgreich gestalten

In der heutigen digitalen Welt sind virtuelle Meetings zu einem unverzichtbaren Bestandteil der Kommunikation geworden. Sie ermöglichen es Teams, unabhängig von geografischen Standorten zusammenzuarbeiten und Informationen auszutauschen. Um diese Meetings jedoch effektiv zu gestalten, ist es wichtig, bestimmte Regeln und Best Practices zu beachten.

Ein zentraler Aspekt erfolgreicher virtueller Meetings ist die Vorbereitung. Teilnehmer sollten im Voraus über die Agenda informiert werden, um sich auf die Themen einstellen zu können. Eine klare Struktur hilft dabei, das Meeting zielgerichtet und effizient zu gestalten. Beispielsweise kann ein Moderator vorab eine E-Mail mit den wichtigsten Punkten versenden und sicherstellen, dass alle notwendigen Materialien bereitgestellt werden.

Die technische Ausstattung spielt ebenfalls eine entscheidende Rolle. Eine stabile Internetverbindung sowie funktionierende Audio- und Videoequipment sind unerlässlich für einen reibungslosen Ablauf. Vor dem Meeting sollte jeder Teilnehmer seine Technik testen, um mögliche Probleme frühzeitig zu identifizieren. Dies minimiert Unterbrechungen während des Meetings und sorgt für einen professionellen Eindruck.

Ein weiterer wichtiger Punkt ist die Etikette während des Meetings selbst. Teilnehmer sollten darauf achten, ihre Mikrofone stummzuschalten, wenn sie nicht sprechen, um Hintergrundgeräusche zu vermeiden. Zudem ist es ratsam, visuell präsent zu sein – das bedeutet, die Kamera einzuschalten und in die Kamera zu schauen, anstatt auf den Bildschirm oder andere Notizen. Dies fördert eine bessere Interaktion und schafft ein Gefühl der Verbundenheit unter den Teilnehmern.

- Aktives Zuhören: Teilnehmer sollten aktiv zuhören und gegebenenfalls Fragen stellen oder Anmerkungen machen.
- Konstruktive Beiträge: Jeder sollte ermutigt werden, seine Ideen einzubringen; dies fördert Kreativität und Teamgeist.
- Pausen einplanen: Bei längeren Meetings sind kurze Pausen sinnvoll, um Ermüdung vorzubeugen und frische Energie zu tanken.

Zusammenfassend lässt sich sagen, dass virtuelle Meetings durch sorgfältige Planung und respektvolles Verhalten erheblich verbessert werden können. Indem man sich an diese Grundsätze hält, wird nicht nur die Effizienz gesteigert, sondern auch das Miteinander innerhalb des Teams gestärkt.

10

Praktische Übungen für soziale Kompetenzen

10.1 Rollenspiele zur Verbesserung der Kommunikationsfähigkeiten

Rollenspiele sind eine effektive Methode, um Kommunikationsfähigkeiten in einem geschützten Rahmen zu trainieren. Sie ermöglichen es den Teilnehmern, verschiedene Szenarien durchzuspielen und dabei sowohl verbale als auch nonverbale Kommunikationsstrategien zu erproben. Diese Technik ist besonders wertvoll, da sie nicht nur das Verständnis für die eigene Kommunikation fördert, sondern auch Empathie und Perspektivwechsel ermöglicht.

Ein zentraler Aspekt von Rollenspielen ist die Möglichkeit, Feedback zu erhalten. Nach jeder Übung können Beobachter oder Trainer Rückmeldungen geben, die den Teilnehmern helfen, ihre Stärken und Schwächen zu erkennen. Dies fördert nicht nur das Lernen aus Fehlern, sondern stärkt auch das Selbstbewusstsein der Teilnehmer. Ein Beispiel könnte ein Rollenspiel sein, bei dem ein Vorstellungsgespräch simuliert wird. Hierbei können die Teilnehmer lernen, wie sie sich selbst präsentieren und auf Fragen reagieren können.

Darüber hinaus bieten Rollenspiele die Gelegenheit, kulturelle Unterschiede in der Kommunikation zu erkunden. In einer zunehmend globalisierten Welt ist es wichtig zu verstehen, wie unterschiedliche Kulturen kommunizieren und welche Verhaltensweisen als höflich oder unhöflich wahrgenommen werden können. Durch das Nachspielen interkultureller Situationen können Missverständnisse abgebaut und interkulturelle Kompetenzen entwickelt werden.

- Verbesserung der aktiven Zuhörfähigkeiten: Rollenspiele fördern das aktive Zuhören durch gezielte Übungen.

- Stärkung der nonverbalen Kommunikation: Die Teilnehmer lernen, Körpersprache und Mimik bewusst einzusetzen.

- Erhöhung des Selbstbewusstseins: Durch wiederholtes Üben in verschiedenen Szenarien fühlen sich die Teilnehmer sicherer in realen Gesprächen.

Zusammenfassend lässt sich sagen, dass Rollenspiele eine dynamische Methode sind, um Kommunikationsfähigkeiten nachhaltig zu verbessern. Sie bieten nicht nur einen Raum für praktisches Lernen und Experimentieren, sondern tragen auch dazu bei, soziale Kompetenzen in einem unterstützenden Umfeld weiterzuentwickeln. Indem man verschiedene Rollen annimmt und unterschiedliche Perspektiven einnimmt, wird das Verständnis für zwischenmenschliche Interaktionen vertieft – eine Fähigkeit von unschätzbarem Wert im Berufs- wie im Privatleben.

10.2 Szenarien aus dem Alltag analysieren

Die Analyse von Alltagsszenarien ist ein entscheidender Schritt zur Verbesserung sozialer Kompetenzen. Indem wir alltägliche Interaktionen und Situationen reflektieren, können wir Muster in unserem Verhalten erkennen und gezielt an unseren Kommunikationsfähigkeiten arbeiten. Diese Methode fördert nicht nur das Bewusstsein für die eigene Wirkung auf andere, sondern auch die Fähigkeit, empathisch zu reagieren.

Ein Beispiel für eine solche Analyse könnte eine typische Situation im Büro sein, in der ein Mitarbeiter Feedback zu einem Projekt erhält. Hierbei ist es wichtig, sowohl die verbale als auch die nonverbale Kommunikation zu betrachten. Wie reagiert der Mitarbeiter auf das Feedback? Zeigt er Offenheit oder defensives Verhalten? Durch das bewusste Nachdenken über diese Reaktionen können Strategien entwickelt werden, um konstruktiver mit Kritik umzugehen und Missverständnisse zu vermeiden.

Darüber hinaus kann die Analyse von Konfliktsituationen im Alltag wertvolle Erkenntnisse liefern. Nehmen wir an, zwei Freunde geraten in einen Streit über unterschiedliche Ansichten zu einem Thema. Die Betrachtung dieser Situation ermöglicht es uns, verschiedene Perspektiven einzunehmen und zu verstehen, wie Emotionen die Kommunikation beeinflussen können. Hierbei spielt aktives Zuhören eine zentrale Rolle: Wer bereit ist zuzuhören und den Standpunkt des anderen ernst nimmt, kann oft Spannungen abbauen und Lösungen finden.

Ein weiterer Aspekt der Szenarioanalyse ist die Reflexion über kulturelle Unterschiede in der Kommunikation. In multikulturellen Umgebungen kann es leicht zu Missverständnissen kommen, wenn nonverbale Signale unterschiedlich interpretiert werden. Das Verständnis dieser Unterschiede fördert nicht nur interkulturelle Kompetenz, sondern stärkt auch das Vertrauen zwischen den Beteiligten.

Zusammenfassend lässt sich sagen, dass die Analyse von Alltagsszenarien eine wertvolle Methode darstellt, um soziale Kompetenzen gezielt weiterzuentwickeln. Sie bietet Raum für Selbstreflexion und fördert ein tieferes Verständnis für zwischenmenschliche Dynamiken – Fähigkeiten, die sowohl im beruflichen als auch im privaten Leben von großer Bedeutung sind.

10.3 Feedbackrunden zur Selbstreflexion

Feedbackrunden sind ein essenzieller Bestandteil der Selbstreflexion und tragen maßgeblich zur Entwicklung sozialer Kompetenzen bei. Sie bieten nicht nur die Möglichkeit, Rückmeldungen von anderen zu erhalten, sondern fördern auch das eigene Bewusstsein für das eigene Verhalten und dessen Auswirkungen auf andere. In einem geschützten Rahmen können Teilnehmer ihre Erfahrungen teilen, was zu einer tieferen Einsicht in persönliche Stärken und Schwächen führt.

Ein zentraler Aspekt von Feedbackrunden ist die Schaffung eines vertrauensvollen Umfelds. Hierbei ist es wichtig, dass alle Beteiligten offen und ehrlich kommunizieren können, ohne Angst vor negativen Konsequenzen zu haben. Dies kann durch klare Regeln und eine respektvolle Gesprächskultur unterstützt werden. Beispielsweise könnte man festlegen, dass Kritik konstruktiv formuliert wird und sich auf beobachtbare Verhaltensweisen konzentriert, anstatt persönliche Angriffe zuzulassen.

Darüber hinaus sollten Feedbackrunden strukturiert ablaufen, um den größtmöglichen Nutzen zu erzielen. Eine bewährte Methode ist die Verwendung des „Sandwich-Prinzips", bei dem positives Feedback zuerst gegeben wird, gefolgt von konstruktiver Kritik und abschließend erneut positivem Feedback. Diese Struktur hilft dabei, die Motivation der Teilnehmer aufrechtzuerhalten und fördert eine positive Grundstimmung während der Diskussion.

Ein weiterer wichtiger Punkt ist die Nachbereitung der Feedbackrunden. Es reicht nicht aus, lediglich Rückmeldungen auszutauschen; vielmehr sollten konkrete Maßnahmen zur Verbesserung erarbeitet werden. Die Teilnehmer könnten beispielsweise individuelle Entwicklungsziele formulieren oder Aktionspläne erstellen, um das Gelernte in die Praxis umzusetzen. Dies fördert nicht nur die Eigenverantwortung, sondern auch das Engagement für kontinuierliches Lernen.

Zusammenfassend lässt sich sagen, dass Feedbackrunden zur Selbstreflexion ein kraftvolles Werkzeug sind, um soziale Kompetenzen gezielt weiterzuentwickeln. Sie ermöglichen es den Teilnehmern nicht nur, ihre Kommunikationsfähigkeiten zu verbessern, sondern auch ein tieferes Verständnis für zwischenmenschliche Dynamiken zu entwickeln – Fähigkeiten, die sowohl im beruflichen als auch im privaten Leben von großer Bedeutung sind.

11

Der Umgang mit schwierigen Gesprächspartnern

11.1 Strategien für herausfordernde Gespräche

Der Umgang mit schwierigen Gesprächspartnern ist eine essentielle Fähigkeit, die in vielen Lebensbereichen von Bedeutung ist. Ob im beruflichen Kontext oder im privaten Umfeld, herausfordernde Gespräche können oft zu Missverständnissen und Konflikten führen. Daher ist es wichtig, Strategien zu entwickeln, um solche Situationen konstruktiv zu meistern und die Kommunikation zu verbessern.

Eine der effektivsten Strategien ist das aktive Zuhören. Dies bedeutet nicht nur, den Worten des Gegenübers Aufmerksamkeit zu schenken, sondern auch nonverbale Signale wie Mimik und Gestik wahrzunehmen. Durch aktives Zuhören signalisiert man dem Gesprächspartner Wertschätzung und Interesse an seinen Anliegen. Ein Beispiel hierfür könnte sein, während eines Meetings gezielt nachzufragen: „Könnten Sie das bitte näher erläutern?" Dies fördert einen offenen Dialog und kann Spannungen abbauen.

Ein weiterer wichtiger Aspekt ist die Deeskalation von Konflikten. Hierbei kann es hilfreich sein, in emotional aufgeladenen Situationen eine ruhige Stimme zu bewahren und provokante Äußerungen zu vermeiden. Stattdessen sollte man versuchen, die Perspektive des anderen nachzuvollziehen und Verständnis für dessen Standpunkt zu zeigen. Eine Formulierung wie „Ich verstehe Ihre Bedenken" kann dazu beitragen, dass sich der Gesprächspartner gehört fühlt und eher bereit ist, Kompromisse einzugehen.

Zudem spielt die Wahl der richtigen Sprache eine entscheidende Rolle. Vermeiden Sie Fachjargon oder komplizierte Ausdrücke, wenn diese den Gesprächspartner verwirren könnten. Klare und einfache Sprache fördert das Verständnis und minimiert Missverständnisse. In einem beruflichen Setting könnte dies bedeuten, dass man technische Details so erklärt, dass auch Nicht-Experten folgen können.

Schließlich sollten Sie sich bewusst machen, dass nicht jedes Gespräch sofort gelöst werden muss. Manchmal ist es besser, eine Pause einzulegen oder das Thema später erneut aufzugreifen. Diese Strategie gibt beiden Parteien Zeit zum Nachdenken und kann helfen, emotionale Reaktionen abzubauen.

11.2 Deeskalationstechniken anwenden

Die Anwendung von Deeskalationstechniken ist entscheidend, um Konflikte in schwierigen Gesprächen zu entschärfen und eine konstruktive Kommunikation zu fördern. Diese Techniken helfen nicht nur, Spannungen abzubauen, sondern auch, das Vertrauen zwischen den Gesprächspartnern zu stärken. In einer Zeit, in der emotionale Reaktionen oft die Oberhand gewinnen, sind effektive Deeskalationsstrategien unerlässlich.

Eine grundlegende Technik ist die Verwendung von „Ich-Botschaften". Anstatt den anderen direkt anzugreifen oder Vorwürfe zu erheben, formuliert man seine eigenen Gefühle und Bedürfnisse. Beispielsweise könnte man sagen: „Ich fühle mich überfordert, wenn ich so viele Aufgaben gleichzeitig erledigen muss." Diese Formulierung lenkt den Fokus auf die eigene Perspektive und reduziert die Wahrscheinlichkeit einer defensiven Reaktion des Gegenübers.

Ein weiterer wichtiger Aspekt ist das Schaffen eines sicheren Raums für das Gespräch. Dies kann durch eine ruhige Umgebung und eine respektvolle Körpersprache erreicht werden. Wenn beide Parteien sich sicher fühlen, sind sie eher bereit, offen über ihre Bedenken zu sprechen. Ein Beispiel hierfür wäre es, während eines Konflikts einen neutralen Ort für das Gespräch auszuwählen und Augenkontakt herzustellen, um Engagement und Interesse zu signalisieren.

Zudem sollte man aktiv nach Lösungen suchen anstatt sich auf Probleme zu konzentrieren. Fragen wie „Wie können wir diese Situation gemeinsam verbessern?" fördern ein kooperatives Klima und zeigen dem Gesprächspartner, dass man bereit ist zuzuhören und Kompromisse einzugehen. Solche Fragen lenken den Fokus weg von der Konfrontation hin zur Zusammenarbeit.

Schließlich ist es wichtig, Geduld zu zeigen und nicht sofortige Lösungen zu erwarten. Manchmal benötigen Menschen Zeit zum Nachdenken oder um ihre Emotionen zu verarbeiten. Eine kurze Pause im Gespräch kann Wunder wirken und beiden Parteien ermöglichen, ihre Gedanken neu zu ordnen. Indem man Raum für Reflexion schafft, erhöht man die Chancen auf eine produktive Fortsetzung des Dialogs.

11.3 Grenzen setzen ohne unhöflich zu wirken

Das Setzen von Grenzen ist ein wesentlicher Bestandteil effektiver Kommunikation, insbesondere im Umgang mit schwierigen Gesprächspartnern. Es ermöglicht, die eigenen Bedürfnisse und Erwartungen klar zu formulieren, ohne dabei in Konfrontation oder Unhöflichkeit zu verfallen. In diesem Abschnitt werden Strategien erörtert, wie man respektvoll und bestimmt Grenzen setzen kann.

Ein zentraler Aspekt beim Setzen von Grenzen ist die Verwendung einer klaren und ruhigen Sprache. Anstatt aggressive oder abwertende Formulierungen zu wählen, sollte man sich auf eine sachliche Ausdrucksweise konzentrieren. Beispielsweise könnte man sagen: „Ich kann diese Aufgabe nicht übernehmen, da ich bereits an anderen Projekten arbeite." Diese Art der Kommunikation zeigt Respekt für die eigene Zeit und Kapazität, während sie gleichzeitig dem Gegenüber die Situation verständlich macht.

Ein weiterer wichtiger Punkt ist das aktive Zuhören. Indem man dem Gesprächspartner signalisiert, dass man seine Perspektive versteht und wertschätzt, schafft man eine Grundlage für einen respektvollen Dialog. Man könnte beispielsweise nachfragen: „Wie siehst du das?" oder „Was denkst du über meine Sichtweise?". Solche Fragen fördern nicht nur das Verständnis, sondern helfen auch dabei, Missverständnisse auszuräumen und den eigenen Standpunkt klarer darzustellen.

Zusätzlich ist es hilfreich, nonverbale Signale bewusst einzusetzen. Eine offene Körperhaltung sowie Augenkontakt können dazu beitragen, dass die eigene Botschaft als freundlich und bestimmt wahrgenommen wird. Wenn man beispielsweise während des Gesprächs aufrecht sitzt und den Blickkontakt hält, signalisiert dies Selbstbewusstsein und Entschlossenheit.

Schließlich sollte man bereit sein, Kompromisse einzugehen oder Alternativen anzubieten. Wenn jemand auf eine Grenze stößt oder diese infrage stellt, kann es hilfreich sein zu sagen: „Ich verstehe deinen Standpunkt; vielleicht könnten wir einen Mittelweg finden." Dies zeigt Flexibilität und Bereitschaft zur Zusammenarbeit, ohne jedoch die eigenen Grenzen aufzugeben.

12

Aufbau von bedeutungsvollen Beziehungen

12.1 Vertrauen schaffen und pflegen

Vertrauen ist das Fundament jeder bedeutungsvollen Beziehung, sei es im beruflichen oder privaten Kontext. Es ermöglicht offene Kommunikation, fördert die Zusammenarbeit und schafft ein Gefühl der Sicherheit. In einer Zeit, in der Misstrauen und Skepsis häufig anzutreffen sind, wird die Fähigkeit, Vertrauen zu schaffen und zu pflegen, immer wichtiger.

Ein zentraler Aspekt des Vertrauensaufbaus ist die Konsistenz im Verhalten. Menschen neigen dazu, Vertrauen in diejenigen zu setzen, deren Handlungen vorhersehbar sind. Wenn jemand regelmäßig seine Versprechen hält und sich an Absprachen hält, wird dies als Zeichen von Zuverlässigkeit wahrgenommen. Ein Beispiel hierfür könnte ein Teamleiter sein, der regelmäßig Feedback gibt und seine Mitarbeiter in Entscheidungsprozesse einbezieht. Diese Transparenz fördert nicht nur das Vertrauen innerhalb des Teams, sondern steigert auch die Motivation.

Ein weiterer wichtiger Faktor ist die Empathie. Die Fähigkeit, sich in die Lage anderer hineinzuversetzen und deren Perspektiven zu verstehen, trägt erheblich zum Vertrauensaufbau bei. Wenn Menschen das Gefühl haben, dass ihre Sorgen ernst genommen werden und sie gehört werden, stärkt dies das gegenseitige Vertrauen. In einem persönlichen Beispiel könnte man an eine Situation denken, in der ein Freund in einer schwierigen Phase Unterstützung benötigt; durch aktives Zuhören und Verständnis kann man eine tiefere Verbindung aufbauen.

Darüber hinaus spielt auch die Authentizität eine entscheidende Rolle beim Vertrauensaufbau. Menschen schätzen Ehrlichkeit und Offenheit; wenn jemand authentisch ist und seine wahren Gedanken und Gefühle teilt, entsteht oft eine tiefere Bindung. Dies gilt besonders in professionellen Umfeldern: Führungskräfte sollten bereit sein, ihre eigenen Schwächen zu zeigen oder Fehler einzugestehen – dies macht sie menschlicher und zugänglicher.

Zusammenfassend lässt sich sagen, dass Vertrauen nicht über Nacht entsteht; es erfordert Zeit sowie kontinuierliche Anstrengungen zur Pflege dieser wertvollen Ressource. Indem wir konsistent handeln, empathisch zuhören und authentisch kommunizieren, können wir bedeutungsvolle Beziehungen aufbauen und langfristig erhalten.

12.2 Langfristige Bindungen entwickeln

Langfristige Bindungen sind das Herzstück jeder bedeutungsvollen Beziehung, sei es im persönlichen oder beruflichen Bereich. Sie bieten Stabilität und Sicherheit und fördern ein Gefühl der Zugehörigkeit. Um solche Bindungen zu entwickeln, ist es entscheidend, kontinuierlich an der Beziehung zu arbeiten und sich aktiv um deren Pflege zu kümmern.

Ein zentraler Aspekt beim Aufbau langfristiger Bindungen ist die gemeinsame Zeit. Gemeinsame Erlebnisse schaffen Erinnerungen und stärken die Verbindung zwischen den Beteiligten. Ob durch regelmäßige Treffen mit Freunden oder Teambuilding-Aktivitäten im Beruf – diese gemeinsamen Erfahrungen fördern das Verständnis füreinander und vertiefen die emotionale Bindung. Ein Beispiel könnte ein monatliches Abendessen unter Freunden sein, bei dem nicht nur der Austausch von Neuigkeiten stattfindet, sondern auch tiefere Gespräche über persönliche Herausforderungen und Erfolge geführt werden.

Ein weiterer wichtiger Faktor ist die gegenseitige Unterstützung in schwierigen Zeiten. Wenn Menschen wissen, dass sie aufeinander zählen können, stärkt dies das Vertrauen und die Loyalität innerhalb der Beziehung. In einem beruflichen Kontext könnte dies bedeuten, dass Kollegen sich gegenseitig bei Projekten unterstützen oder in stressigen Phasen Rückhalt bieten. Solche Gesten zeigen nicht nur Wertschätzung, sondern festigen auch die Bindung zwischen den Teammitgliedern.

Darüber hinaus spielt Kommunikation eine entscheidende Rolle beim Aufbau langfristiger Beziehungen. Offene und ehrliche Gespräche helfen dabei, Missverständnisse auszuräumen und Konflikte konstruktiv zu lösen. Regelmäßiges Feedback sowie das Teilen von Gedanken und Gefühlen tragen dazu bei, dass beide Parteien sich gehört fühlen und ihre Bedürfnisse besser verstehen können.

Zusammenfassend lässt sich sagen, dass langfristige Bindungen Zeit, Engagement und aktive Pflege erfordern. Durch gemeinsame Erlebnisse, gegenseitige Unterstützung sowie offene Kommunikation können wir bedeutungsvolle Beziehungen aufbauen, die nicht nur Bestand haben, sondern auch in schwierigen Zeiten Halt bieten.

12.3 Netzwerken für den persönlichen Erfolg

Netzwerken ist ein entscheidender Faktor für den persönlichen und beruflichen Erfolg. Es geht nicht nur darum, Kontakte zu knüpfen, sondern auch darum, bedeutungsvolle Beziehungen aufzubauen, die langfristig von Vorteil sind. In einer zunehmend vernetzten Welt kann ein starkes Netzwerk Türen öffnen und neue Möglichkeiten schaffen.

Ein effektives Networking beginnt mit der Identifikation relevanter Personen in Ihrem Umfeld. Dies können Kollegen, Branchenexperten oder sogar Freunde sein, die über wertvolle Informationen oder Kontakte verfügen. Der Schlüssel liegt darin, authentische Beziehungen zu entwickeln, die auf gegenseitigem Interesse und Unterstützung basieren. Ein Beispiel hierfür könnte das Besuchen von Branchenevents oder Konferenzen sein, bei denen man gezielt Gespräche führt und sich aktiv in Diskussionen einbringt.

Darüber hinaus ist es wichtig, regelmäßig mit Ihrem Netzwerk in Kontakt zu bleiben. Dies kann durch persönliche Treffen, Telefonate oder digitale Kommunikation geschehen. Das Teilen von interessanten Artikeln oder das Versenden von Glückwünschen zu Erfolgen zeigt Ihr Engagement und Ihre Wertschätzung für die Beziehung. Solche Gesten fördern nicht nur den Austausch von Informationen, sondern stärken auch das Vertrauen innerhalb des Netzwerks.

Ein weiterer Aspekt des erfolgreichen Netzwerkens ist die Bereitschaft zur Hilfe. Wenn Sie anderen in Ihrem Netzwerk Unterstützung anbieten – sei es durch Ratschläge, Ressourcen oder einfach nur durch Zuhören – bauen Sie eine solide Grundlage für eine vertrauensvolle Beziehung auf. Diese Art der Gegenseitigkeit ist entscheidend; oft wird man überrascht sein, wie schnell sich solche Gesten auszahlen können.

Zusammenfassend lässt sich sagen, dass Netzwerken weit mehr ist als das bloße Sammeln von Kontakten. Es erfordert Zeit und Engagement sowie die Fähigkeit zur aktiven Pflege dieser Beziehungen. Durch authentische Interaktionen und gegenseitige Unterstützung können wir ein starkes Netzwerk aufbauen, das uns sowohl im persönlichen als auch im beruflichen Leben voranbringt.

13

Die Rolle von Humor im guten Benehmen

13.1 Humor als Eisbrecher nutzen

In sozialen Interaktionen spielt Humor eine entscheidende Rolle, insbesondere wenn es darum geht, Barrieren abzubauen und eine angenehme Atmosphäre zu schaffen. Humor kann als effektives Werkzeug dienen, um das Eis zu brechen und die Kommunikation zu erleichtern. In einer Welt, in der viele Menschen oft angespannt oder unsicher sind, bietet ein gut platzierter Witz oder eine humorvolle Bemerkung die Möglichkeit, Spannungen abzubauen und Vertrauen aufzubauen.

Ein humorvoller Einstieg in Gespräche kann nicht nur die Stimmung heben, sondern auch dazu beitragen, dass sich Gesprächspartner wohler fühlen. Dies ist besonders wichtig in beruflichen Kontexten wie Vorstellungsgesprächen oder Networking-Events. Ein leichter Scherz über alltägliche Situationen kann helfen, Gemeinsamkeiten zu finden und das Gefühl von Verbundenheit zu fördern. Beispielsweise könnte man bei einem ersten Treffen anmerken: „Ich hoffe, ich bin nicht der einzige hier mit einem Kaffeebecher in der Hand – das ist schließlich unser geheimes Zeichen für Überleben!" Solche Bemerkungen können sofortige Lacher hervorrufen und den Druck mindern.

Darüber hinaus ist es wichtig zu beachten, dass Humor kulturell variieren kann. Was in einer Kultur als lustig empfunden wird, könnte in einer anderen unangebracht sein. Daher sollte man sensibel auf die Reaktionen seines Gegenübers achten und den Humor entsprechend anpassen. Ein gutes Gespür für den richtigen Moment und die richtige Art von Humor ist entscheidend für den Erfolg dieser Strategie.

Humor hat auch den Vorteil, dass er Erinnerungen schafft. Menschen neigen dazu, sich an humorvolle Momente besser zu erinnern als an ernste oder formelle Interaktionen. Dies kann langfristig dazu führen, dass Beziehungen gestärkt werden und Netzwerke wachsen. Wenn man also Humor gezielt einsetzt, trägt dies nicht nur zur Auflockerung des Gesprächs bei, sondern fördert auch nachhaltige Verbindungen zwischen Menschen.

Zusammenfassend lässt sich sagen, dass Humor ein wertvolles Instrument im Bereich des guten Benehmens ist. Er hilft dabei, Barrieren abzubauen und schafft eine positive Kommunikationsumgebung. Durch den geschickten Einsatz von Humor können wir nicht nur unsere sozialen Fähigkeiten verbessern, sondern auch tiefere Beziehungen aufbauen.

13.2 Grenzen des Humors erkennen

Die Fähigkeit, Humor effektiv einzusetzen, ist eine wertvolle soziale Kompetenz, doch es ist ebenso wichtig, die Grenzen des Humors zu erkennen. Humor kann sowohl verbinden als auch verletzen; daher ist ein feines Gespür für den Kontext und die Empfindlichkeiten der Gesprächspartner unerlässlich. In diesem Abschnitt werden wir untersuchen, wie man diese Grenzen identifizieren und respektieren kann.

Ein zentraler Aspekt beim Erkennen der Grenzen des Humors ist das Verständnis von kulturellen Unterschieden. Was in einer Kultur als humorvoll gilt, kann in einer anderen als unangemessen oder sogar beleidigend empfunden werden. Beispielsweise können Witze über bestimmte ethnische Gruppen oder Geschlechter in einem Land akzeptiert sein, während sie in einem anderen Land zu ernsthaften Konflikten führen können. Daher sollte man sich stets bewusst sein, mit wem man spricht und welche kulturellen Hintergründe diese Person hat.

Ein weiterer wichtiger Punkt ist die Sensibilität gegenüber persönlichen Erfahrungen und Traumata. Humor über Themen wie Krankheit, Verlust oder Diskriminierung kann für Betroffene schmerzhaft sein. Es ist entscheidend, die emotionale Verfassung der Gesprächspartner zu berücksichtigen und darauf zu achten, ob ein Witz möglicherweise negative Erinnerungen weckt oder bestehende Ängste verstärkt. Ein Beispiel hierfür wäre ein Scherz über psychische Erkrankungen in einem Umfeld, wo jemand offen über seine eigenen Kämpfe gesprochen hat.

Zusätzlich spielt der Kontext eine wesentliche Rolle bei der Beurteilung von Humor. In formellen Situationen wie Geschäftstreffen oder Trauerfeiern sind humorvolle Bemerkungen oft unangebracht und können als respektlos wahrgenommen werden. Hier sollte man sich zurückhalten und den Ton der Veranstaltung respektieren. Im Gegensatz dazu kann in informellen Zusammenkünften unter Freunden ein lockerer Umgangston herrschen, wobei jedoch auch hier individuelle Grenzen beachtet werden müssen.

Abschließend lässt sich sagen, dass das Erkennen der Grenzen des Humors nicht nur zur Vermeidung von Missverständnissen beiträgt, sondern auch das Vertrauen zwischen den Gesprächspartnern stärkt. Indem wir sensibel auf die Reaktionen anderer achten und unseren Humor entsprechend anpassen, fördern wir eine respektvolle und angenehme Kommunikationsatmosphäre.

13.3 Humor in verschiedenen Kulturen

Humor ist ein universelles Phänomen, das jedoch stark von kulturellen Kontexten geprägt ist. Die Art und Weise, wie Humor wahrgenommen und eingesetzt wird, variiert erheblich zwischen verschiedenen Ländern und Gesellschaften. Diese Unterschiede sind nicht nur interessant, sondern auch entscheidend für die interkulturelle Kommunikation und das Verständnis.

In vielen westlichen Kulturen wird Humor oft als Mittel zur Entspannung und zum Abbau von Spannungen genutzt. Ironie und Sarkasmus sind weit verbreitet, wobei sie häufig in alltäglichen Gesprächen Anwendung finden. In den USA beispielsweise ist der Einsatz von Selbstironie eine gängige Praxis, die dazu dient, eine Verbindung zu anderen herzustellen und gleichzeitig soziale Hierarchien zu hinterfragen. Im Gegensatz dazu kann in asiatischen Kulturen wie Japan oder China Humor subtiler sein; hier wird oft Wert auf Höflichkeit gelegt, was bedeutet, dass direkte Witze über andere als unhöflich empfunden werden können.

Ein weiteres Beispiel für kulturelle Unterschiede im Humor zeigt sich in der Verwendung von Tabuthemen. In einigen Kulturen sind Witze über Religion oder Politik tabuisiert und können ernsthafte Konsequenzen nach sich ziehen. In anderen Ländern hingegen werden solche Themen offen diskutiert und humorvoll behandelt. Dies verdeutlicht die Notwendigkeit eines sensiblen Umgangs mit humorvollen Äußerungen in multikulturellen Umgebungen.

Darüber hinaus spielt der Kontext eine entscheidende Rolle bei der Wahrnehmung von Humor. Während ein Witz in einem informellen Rahmen gut ankommen kann, könnte er in einem formellen Setting als unangemessen gelten. Ein Beispiel hierfür wäre ein Geschäftstreffen: Hier könnte ein humorvoller Kommentar über persönliche Missgeschicke zwar auflockern, aber auch als unprofessionell wahrgenommen werden.

Zusammenfassend lässt sich sagen, dass das Verständnis für die unterschiedlichen Facetten des Humors in verschiedenen Kulturen nicht nur zur Vermeidung von Missverständnissen beiträgt, sondern auch die Fähigkeit fördert, empathisch zu kommunizieren. Indem wir uns der kulturellen Nuancen bewusst sind und unseren Humor entsprechend anpassen, können wir Brücken zwischen Menschen unterschiedlicher Hintergründe bauen.

14

Stressbewältigung in sozialen Situationen

14.1 Techniken zur Stressreduktion

In sozialen Situationen kann Stress oft überwältigend sein, insbesondere wenn es um wichtige Ereignisse wie Vorstellungsgespräche oder Networking-Events geht. Die Fähigkeit, Stress zu bewältigen, ist entscheidend für den Erfolg und das Wohlbefinden. Verschiedene Techniken zur Stressreduktion können helfen, die eigene Leistungsfähigkeit zu steigern und gleichzeitig das Selbstbewusstsein zu stärken.

Eine der effektivsten Methoden zur Stressbewältigung ist die **Atemtechnik**. Durch bewusstes Atmen kann man den Körper beruhigen und die Gedanken klären. Eine einfache Übung besteht darin, tief durch die Nase einzuatmen, den Atem für einige Sekunden anzuhalten und dann langsam durch den Mund auszuatmen. Diese Technik kann in stressigen Momenten angewendet werden, um sofortige Entspannung zu fördern.

Ein weiterer wichtiger Aspekt ist die **Körperhaltung**. Eine aufrechte Haltung signalisiert nicht nur Selbstbewusstsein, sondern beeinflusst auch unsere innere Einstellung. Studien zeigen, dass eine positive Körperhaltung das Selbstwertgefühl steigert und somit auch die Reaktion auf stressige Situationen verbessert. Es lohnt sich daher, vor einem wichtigen Termin einige Minuten in einer kraftvollen Pose zu verweilen.

Visualisierungstechniken sind ebenfalls hilfreich. Indem man sich vorstellt, wie man erfolgreich mit einer sozialen Situation umgeht – sei es ein Gespräch oder eine Präsentation – kann man Ängste abbauen und sich mental vorbereiten. Diese Technik nutzt die Kraft der Vorstellungskraft und hilft dabei, negative Gedankenmuster zu durchbrechen.

- **Atemtechniken:** Beruhigende Atemübungen zur sofortigen Entspannung.
- **Körperhaltung:** Aufrechte Haltung fördert Selbstbewusstsein und reduziert Stress.
- **Visualisierung:** Mentale Vorbereitung auf soziale Interaktionen zur Angstbewältigung.

Zudem spielt regelmäßige körperliche Aktivität eine wesentliche Rolle bei der Stressreduktion. Sport setzt Endorphine frei, die als natürliche Stimmungsaufheller wirken. Ob Yoga, Laufen oder Tanzen – jede Form von Bewegung trägt dazu bei, Spannungen abzubauen und das allgemeine Wohlbefinden zu steigern.

Zusammenfassend lässt sich sagen, dass verschiedene Techniken zur Stressreduktion nicht nur kurzfristig helfen können, sondern auch langfristig das persönliche Wachstum fördern. Indem man diese Strategien in den Alltag integriert, wird es einfacher, in sozialen Situationen gelassen und selbstsicher aufzutreten.

14.2 Gelassenheit bewahren unter Druck

Die Fähigkeit, in stressigen sozialen Situationen gelassen zu bleiben, ist von entscheidender Bedeutung für den persönlichen und beruflichen Erfolg. Gelassenheit ermöglicht es uns, klarer zu denken, bessere Entscheidungen zu treffen und unsere Emotionen effektiv zu steuern. In Momenten des Drucks neigen viele dazu, impulsiv zu reagieren oder sich zurückzuziehen. Daher ist es wichtig, Strategien zu entwickeln, die helfen, innere Ruhe und Selbstvertrauen aufrechtzuerhalten.

Ein zentraler Aspekt der Gelassenheit ist die **Selbstwahrnehmung**. Indem wir unsere eigenen Emotionen und Reaktionen erkennen und akzeptieren, können wir besser mit Stress umgehen. Achtsamkeitsübungen sind hierbei besonders hilfreich. Sie fördern das Bewusstsein für den gegenwärtigen Moment und helfen uns, negative Gedankenmuster abzubauen. Eine einfache Übung besteht darin, sich auf den eigenen Atem zu konzentrieren und dabei alle Gedanken vorbeiziehen zu lassen wie Wolken am Himmel.

Zusätzlich spielt die **Vorbereitung** eine wesentliche Rolle bei der Stressbewältigung. Wenn wir uns auf bevorstehende soziale Interaktionen vorbereiten – sei es durch das Üben von Gesprächen oder das Informieren über relevante Themen – fühlen wir uns sicherer und weniger anfällig für Nervosität. Diese proaktive Herangehensweise kann auch dazu beitragen, Unsicherheiten abzubauen und ein Gefühl der Kontrolle zurückzugewinnen.

Ein weiterer wichtiger Faktor ist die **Umgebung**, in der wir uns befinden. Eine angenehme Atmosphäre kann erheblich zur Stressreduktion beitragen. Wenn möglich, sollten wir versuchen, in Umgebungen zu agieren, die uns wohlfühlen oder inspirieren. Auch kleine Veränderungen wie das Tragen bequemer Kleidung oder das Mitbringen eines vertrauten Gegenstands können helfen, ein Gefühl von Sicherheit herzustellen.

Letztlich ist es entscheidend, dass wir lernen, **Fehler als Teil des Prozesses** anzunehmen. Jeder macht Fehler; sie sind menschlich und oft lehrreich. Indem wir unsere Erwartungen an Perfektion reduzieren und stattdessen den Fokus auf Wachstum legen, können wir gelassener mit Herausforderungen umgehen.

Insgesamt erfordert das Bewahren von Gelassenheit unter Druck Übung und Geduld. Durch gezielte Techniken zur Selbstwahrnehmung sowie durch Vorbereitung und Anpassung unserer Umgebung können wir jedoch lernen, auch in stressreichen sozialen Situationen ruhig und selbstbewusst aufzutreten.

14.3 Achtsamkeit in der Kommunikation

Achtsamkeit in der Kommunikation ist ein entscheidender Faktor für erfolgreiche zwischenmenschliche Interaktionen, insbesondere in stressbeladenen sozialen Situationen. Sie ermöglicht es uns, nicht nur unsere eigenen Gedanken und Gefühle zu erkennen, sondern auch die der anderen. Durch achtsame Kommunikation können Missverständnisse reduziert und empathische Verbindungen gefördert werden.

Ein zentraler Aspekt der achtsamen Kommunikation ist das aktive Zuhören. Dies bedeutet, dass wir uns voll und ganz auf den Gesprächspartner konzentrieren, ohne ihn zu unterbrechen oder bereits während seiner Rede über unsere Antwort nachzudenken. Aktives Zuhören fördert ein Gefühl von Wertschätzung und Respekt und zeigt dem Gegenüber, dass seine Meinungen und Gefühle ernst genommen werden. Eine einfache Technik besteht darin, nach dem Gesagten zusammenzufassen oder offene Fragen zu stellen, um das Verständnis zu vertiefen.

Darüber hinaus spielt die nonverbale Kommunikation eine wesentliche Rolle. Körpersprache, Mimik und Augenkontakt sind wichtige Elemente, die oft mehr sagen als Worte selbst. Achtsamkeit bedeutet hier auch, sich dieser Signale bewusst zu sein – sowohl bei sich selbst als auch beim Gesprächspartner. Ein offenes Auftreten kann dazu beitragen, eine positive Atmosphäre zu schaffen und Vertrauen aufzubauen.

Ein weiterer wichtiger Punkt ist die Selbstregulation während des Gesprächs. In emotional aufgeladenen Situationen neigen wir dazu, impulsiv zu reagieren. Achtsamkeit hilft uns dabei, innezuhalten und unsere Reaktionen bewusst zu steuern. Techniken wie tiefes Atmen oder kurze Pausen können helfen, einen klaren Kopf zu bewahren und überlegte Antworten zu formulieren.

Zusammenfassend lässt sich sagen, dass Achtsamkeit in der Kommunikation nicht nur zur Stressbewältigung beiträgt, sondern auch die Qualität unserer Beziehungen verbessert. Indem wir aktiv zuhören, nonverbale Signale beachten und unsere eigenen Emotionen regulieren lernen, können wir tiefere Verbindungen herstellen und Konflikte konstruktiver lösen.

15

Gutes Benehmen in Führungspositionen

15.1 Vorbildfunktion als Führungskraft

Die Vorbildfunktion einer Führungskraft ist von zentraler Bedeutung für die Schaffung eines positiven Arbeitsumfeldes und die Förderung einer produktiven Unternehmenskultur. Führungskräfte, die durch ihr Verhalten und ihre Werte inspirieren, setzen Standards, an denen sich Mitarbeiter orientieren können. Diese Rolle geht über das bloße Einhalten von Unternehmensrichtlinien hinaus; sie umfasst auch ethische Grundsätze und zwischenmenschliche Fähigkeiten, die in der heutigen Geschäftswelt unerlässlich sind.

Ein entscheidender Aspekt der Vorbildfunktion ist die Authentizität. Mitarbeiter schätzen es, wenn ihre Vorgesetzten ehrlich und transparent kommunizieren. Dies schafft Vertrauen und fördert eine offene Kommunikationskultur. Wenn Führungskräfte beispielsweise Fehler zugeben oder konstruktives Feedback geben, zeigen sie nicht nur menschliche Schwächen, sondern ermutigen auch andere dazu, offen über Herausforderungen zu sprechen.

Darüber hinaus spielt die emotionale Intelligenz eine wesentliche Rolle in der Vorbildfunktion. Eine Führungskraft sollte in der Lage sein, eigene Emotionen sowie die ihrer Mitarbeiter zu erkennen und angemessen darauf zu reagieren. Dies kann durch aktives Zuhören und Empathie geschehen, was wiederum das Teamgefühl stärkt und ein unterstützendes Arbeitsumfeld schafft.

- **Konsistenz im Verhalten:** Eine gute Führungskraft handelt konsistent mit den Werten des Unternehmens und zeigt dies in ihrem täglichen Handeln.

- **Vorleben von Respekt:** Respektvolles Verhalten gegenüber allen Mitarbeitern fördert ein positives Klima und motiviert das Team.

- **Förderung von Weiterbildung:** Indem Führungskräfte selbst kontinuierlich lernen und sich weiterentwickeln, inspirieren sie ihre Mitarbeiter zur persönlichen Entwicklung.

Letztlich hat das Verhalten einer Führungskraft weitreichende Auswirkungen auf die gesamte Organisation. Wenn Vorgesetzte als positive Beispiele agieren, fördern sie nicht nur ein respektvolles Miteinander, sondern tragen auch aktiv zur Steigerung der Mitarbeitermotivation bei. Die Vorbildfunktion ist somit nicht nur eine Frage des guten Benehmens; sie ist ein strategisches Element für den langfristigen Erfolg eines Unternehmens.

15.2 Mitarbeiterkommunikation verbessern

Die Verbesserung der Mitarbeiterkommunikation ist ein entscheidender Faktor für den Erfolg eines Unternehmens. Eine klare und effektive Kommunikation fördert nicht nur das Verständnis zwischen Führungskräften und Mitarbeitern, sondern trägt auch zur Steigerung der Motivation und Produktivität bei. In einer Zeit, in der Remote-Arbeit und hybride Arbeitsmodelle zunehmend verbreitet sind, wird die Fähigkeit zur Kommunikation noch wichtiger.

Ein zentraler Aspekt der Mitarbeiterkommunikation ist die Schaffung von Transparenz. Führungskräfte sollten regelmäßig Informationen über Unternehmensziele, Veränderungen oder Herausforderungen teilen. Dies kann durch regelmäßige Meetings, Newsletter oder digitale Plattformen geschehen. Wenn Mitarbeiter das Gefühl haben, gut informiert zu sein, steigert dies ihr Engagement und ihre Loyalität gegenüber dem Unternehmen.

Darüber hinaus spielt aktives Zuhören eine wesentliche Rolle in der Kommunikation. Führungskräfte sollten nicht nur Informationen weitergeben, sondern auch bereit sein, Feedback von ihren Mitarbeitern anzunehmen. Dies kann durch Umfragen, persönliche Gespräche oder anonyme Feedback-Tools geschehen. Indem sie auf die Anliegen ihrer Mitarbeiter eingehen, zeigen Führungskräfte Wertschätzung und fördern ein offenes Klima für den Austausch von Ideen.

Ein weiterer wichtiger Punkt ist die Anpassung des Kommunikationsstils an die Bedürfnisse des Teams. Unterschiedliche Generationen bringen unterschiedliche Kommunikationspräferenzen mit sich; während einige Mitarbeiter persönliche Gespräche bevorzugen, fühlen sich andere in digitalen Formaten wohler. Die Flexibilität in der Wahl der Kommunikationsmittel kann dazu beitragen, dass alle Teammitglieder sich gehört und respektiert fühlen.

- **Klarheit:** Informationen sollten klar und präzise formuliert werden, um Missverständnisse zu vermeiden.
- **Regelmäßigkeit:** Häufige Updates halten alle Beteiligten auf dem Laufenden und stärken das Vertrauen.
- **Feedback-Kultur:** Eine offene Feedback-Kultur ermutigt Mitarbeiter dazu, ihre Meinungen zu äußern und aktiv am Verbesserungsprozess teilzunehmen.

Letztlich führt eine verbesserte Kommunikation nicht nur zu einem harmonischeren Arbeitsumfeld, sondern auch zu einer höheren Effizienz im gesamten Unternehmen. Wenn Führungskräfte als Vorbilder agieren und eine Kultur des offenen Dialogs fördern, profitieren sowohl die Mitarbeiter als auch das Unternehmen insgesamt.

15.3 Konfliktmanagement im Team

Konflikte innerhalb eines Teams sind unvermeidlich und können sowohl positive als auch negative Auswirkungen auf die Teamdynamik haben. Ein effektives Konfliktmanagement ist daher entscheidend, um die Zusammenarbeit zu fördern und ein produktives Arbeitsumfeld zu schaffen. Führungskräfte spielen eine zentrale Rolle in diesem Prozess, indem sie nicht nur als Mediatoren agieren, sondern auch eine Kultur des offenen Dialogs etablieren.

Ein erster Schritt im Konfliktmanagement besteht darin, Konflikte frühzeitig zu erkennen. Oftmals äußern sich Spannungen in subtilen Verhaltensänderungen oder Kommunikationsschwierigkeiten. Führungskräfte sollten geschult sein, diese Anzeichen wahrzunehmen und proaktiv darauf zu reagieren. Regelmäßige Teambesprechungen bieten eine Plattform, um potenzielle Probleme offen anzusprechen und Missverständnisse auszuräumen.

Ein weiterer wichtiger Aspekt ist die Förderung einer konstruktiven Feedback-Kultur. Mitarbeiter sollten ermutigt werden, ihre Meinungen und Bedenken offen zu äußern, ohne Angst vor negativen Konsequenzen haben zu müssen. Dies kann durch anonyme Umfragen oder regelmäßige Einzelgespräche geschehen, in denen Mitarbeiter ihre Sichtweisen darlegen können. Eine solche Kultur trägt dazu bei, dass Konflikte nicht eskalieren und stattdessen als Chance zur Verbesserung genutzt werden.

Wenn es dennoch zu einem Konflikt kommt, ist es wichtig, diesen strukturiert anzugehen. Die Anwendung von Methoden wie der gewaltfreien Kommunikation kann helfen, Emotionen zu regulieren und den Fokus auf Lösungen statt auf Schuldzuweisungen zu lenken. In einem solchen Rahmen können alle Beteiligten ihre Perspektiven darlegen und gemeinsam nach Lösungen suchen.

- **Frühzeitige Erkennung:** Achten Sie auf subtile Veränderungen im Teamverhalten.
- **Konstruktive Feedback-Kultur:** Fördern Sie offene Kommunikation ohne Angst vor Repressalien.
- **Strukturierte Lösungsansätze:** Nutzen Sie Methoden wie gewaltfreie Kommunikation zur Deeskalation von Konflikten.

Letztlich führt ein effektives Konfliktmanagement nicht nur zur Lösung bestehender Probleme, sondern stärkt auch das Vertrauen innerhalb des Teams und fördert eine positive Arbeitsatmosphäre. Wenn Führungskräfte aktiv an der Schaffung eines respektvollen Dialogs arbeiten, profitieren alle Beteiligten von einer harmonischeren Zusammenarbeit.

16

Die Bedeutung von Dankbarkeit und Wertschätzung

16.1 Dankbarkeit ausdrücken

Die Fähigkeit, Dankbarkeit auszudrücken, ist ein wesentlicher Bestandteil zwischenmenschlicher Beziehungen und spielt eine entscheidende Rolle in der sozialen Interaktion. Dankbarkeit fördert nicht nur positive Emotionen, sondern stärkt auch die Bindungen zu anderen Menschen. In einer Welt, in der Stress und Hektik oft dominieren, kann das bewusste Ausdrücken von Dankbarkeit eine wohltuende Wirkung auf das eigene Wohlbefinden sowie auf das der Menschen um uns herum haben.

Das Ausdrücken von Dankbarkeit kann auf verschiedene Weisen geschehen. Eine einfache „Danke"-Botschaft kann bereits einen großen Unterschied machen. Ob im beruflichen Kontext oder im privaten Leben – die Anerkennung von Leistungen oder Unterstützung zeigt Wertschätzung und Respekt. Studien belegen, dass Menschen, die regelmäßig Dankbarkeit zeigen, tendenziell glücklicher sind und stärkere soziale Netzwerke pflegen.

- Ein persönliches Dankeschön: Ein handgeschriebener Brief oder eine Karte kann viel mehr bedeuten als eine kurze Nachricht per E-Mail oder SMS. Die persönliche Note zeigt, dass man sich Zeit genommen hat.

- Öffentliche Anerkennung: In Meetings oder sozialen Medien kann das öffentliche Ausdrücken von Dankbarkeit dazu beitragen, den Wert des Einzelnen zu unterstreichen und ein positives Klima zu schaffen.

- Kleine Gesten: Manchmal sind es die kleinen Dinge – wie ein gemeinsames Essen oder ein kleines Geschenk –, die unsere Dankbarkeit am besten zum Ausdruck bringen können.

Darüber hinaus ist es wichtig zu beachten, dass Dankbarkeit nicht nur für den Empfänger vorteilhaft ist; sie hat auch positive Auswirkungen auf den Geber. Das Praktizieren von Dankbarkeit kann helfen, negative Gedankenmuster zu durchbrechen und das allgemeine Lebensgefühl zu verbessern. Indem wir uns aktiv darauf konzentrieren, was wir schätzen und wofür wir dankbar sind, fördern wir eine optimistische Sichtweise auf das Leben.

Insgesamt ist das Ausdrücken von Dankbarkeit eine einfache aber wirkungsvolle Praxis, die sowohl persönliche als auch berufliche Beziehungen bereichern kann. Es erfordert keine besonderen Fähigkeiten oder Ressourcen – lediglich den Willen zur Wertschätzung anderer Menschen.

16.2 Wertschätzung im Berufsleben

Wertschätzung im Berufsleben ist ein entscheidender Faktor für die Schaffung eines positiven Arbeitsumfelds und trägt maßgeblich zur Mitarbeiterzufriedenheit und -bindung bei. In einer Zeit, in der Fachkräfte zunehmend nach sinnstiftenden Tätigkeiten suchen, wird die Anerkennung ihrer Leistungen immer wichtiger. Wertschätzung fördert nicht nur das individuelle Wohlbefinden, sondern steigert auch die Teamdynamik und die Produktivität.

Ein zentraler Aspekt der Wertschätzung am Arbeitsplatz ist die regelmäßige Rückmeldung. Mitarbeiter fühlen sich wertgeschätzt, wenn ihre Beiträge anerkannt werden. Dies kann durch formelle Leistungsbeurteilungen oder informelle Gespräche geschehen. Ein einfaches „Gut gemacht" oder ein Lob für eine erfolgreich abgeschlossene Aufgabe kann Wunder wirken und das Selbstwertgefühl des Mitarbeiters stärken.

Darüber hinaus spielt die Unternehmenskultur eine wesentliche Rolle bei der Förderung von Wertschätzung. Unternehmen, die eine Kultur der Offenheit und des Respekts pflegen, schaffen ein Umfeld, in dem Mitarbeiter sich sicher fühlen, ihre Ideen zu teilen und Risiken einzugehen. Solche Kulturen ermutigen auch Führungskräfte dazu, aktiv Dankbarkeit zu zeigen – sei es durch persönliche Gespräche oder öffentliche Anerkennung in Meetings.

- Mentoring-Programme: Diese bieten nicht nur Unterstützung für weniger erfahrene Mitarbeiter, sondern fördern auch den Austausch von Wissen und Erfahrungen zwischen verschiedenen Hierarchieebenen.

- Teambuilding-Aktivitäten: Gemeinsame Erlebnisse außerhalb des Büros können das Gefühl der Zugehörigkeit stärken und den Zusammenhalt im Team fördern.

- Flexible Arbeitsmodelle: Die Berücksichtigung individueller Bedürfnisse zeigt den Mitarbeitern, dass ihre Lebensumstände respektiert werden.

Zusammenfassend lässt sich sagen, dass Wertschätzung im Berufsleben weitreichende positive Effekte hat. Sie führt zu höherer Motivation, besserem Teamgeist und letztlich zu einer geringeren Fluktuation von Mitarbeitern. Unternehmen sollten daher Strategien entwickeln, um Wertschätzung systematisch in ihren Alltag zu integrieren – denn letztendlich sind es die Menschen hinter den Zahlen, die den Erfolg eines Unternehmens ausmachen.

16.3 Positive Rückmeldungen geben

Positive Rückmeldungen sind ein essenzieller Bestandteil der Wertschätzung im Berufsleben und tragen maßgeblich zur Schaffung eines motivierenden Arbeitsumfelds bei. Sie fördern nicht nur das individuelle Selbstwertgefühl, sondern stärken auch die Bindung zwischen Mitarbeitern und Führungskräften. In einer Zeit, in der Mitarbeiter zunehmend nach Anerkennung streben, ist es entscheidend, dass Unternehmen eine Kultur etablieren, in der positives Feedback regelmäßig gegeben wird.

Ein effektives Mittel zur Förderung positiver Rückmeldungen ist die Implementierung von regelmäßigen Feedback-Gesprächen. Diese Gespräche bieten nicht nur die Möglichkeit, Leistungen zu würdigen, sondern auch Raum für konstruktive Kritik und persönliche Entwicklung. Ein gut strukturiertes Feedback sollte spezifisch sein; anstatt einfach „Gut gemacht" zu sagen, könnte man konkret auf die Aspekte eingehen, die besonders gelungen sind. Zum Beispiel: „Deine Präsentation war sehr klar strukturiert und hat unsere Ideen hervorragend vermittelt." Solche präzisen Rückmeldungen zeigen den Mitarbeitern, dass ihre Anstrengungen wahrgenommen werden.

Darüber hinaus kann positive Rückmeldung auch durch informelle Kanäle erfolgen. Ein einfaches Lob in einem Teammeeting oder eine kurze Nachricht per E-Mail kann einen großen Unterschied machen. Diese kleinen Gesten der Anerkennung schaffen ein Gefühl der Zugehörigkeit und des Wertes innerhalb des Teams. Es ist wichtig zu betonen, dass positive Rückmeldungen nicht nur von Vorgesetzten kommen sollten; Kollegen können ebenfalls wertvolle Beiträge leisten, indem sie sich gegenseitig anerkennen.

Ein weiterer Aspekt ist die Nutzung von Belohnungssystemen oder Incentives als Teil einer positiven Feedback-Kultur. Unternehmen könnten beispielsweise monatliche Auszeichnungen für herausragende Leistungen einführen oder Teamevents organisieren, um Erfolge gemeinsam zu feiern. Solche Maßnahmen verstärken das Gefühl der Wertschätzung und motivieren Mitarbeiter dazu, weiterhin ihr Bestes zu geben.

Zusammenfassend lässt sich sagen, dass positive Rückmeldungen weitreichende Auswirkungen auf das Arbeitsklima haben können. Sie fördern nicht nur das individuelle Engagement und die Zufriedenheit der Mitarbeiter, sondern tragen auch zur Stärkung des gesamten Teams bei. Eine Kultur des positiven Feedbacks sollte daher integraler Bestandteil jeder Unternehmensstrategie sein.

17

Lebenslanges Lernen sozialer Fähigkeiten

17.1 Fortbildungsmöglichkeiten entdecken

In der heutigen dynamischen Welt ist die kontinuierliche Weiterbildung in sozialen Fähigkeiten unerlässlich, um sowohl im Berufsleben als auch im privaten Bereich erfolgreich zu sein. Die Entdeckung von Fortbildungsmöglichkeiten kann entscheidend sein, um die eigenen zwischenmenschlichen Kompetenzen zu erweitern und sich an unterschiedliche soziale Kontexte anzupassen.

Eine der effektivsten Methoden zur Verbesserung sozialer Fähigkeiten sind Workshops und Seminare, die oft von Fachleuten oder Bildungseinrichtungen angeboten werden. Diese Veranstaltungen bieten nicht nur theoretisches Wissen, sondern auch praktische Übungen, die es den Teilnehmern ermöglichen, ihre Fähigkeiten in realistischen Szenarien zu testen. Beispielsweise können Rollenspiele helfen, das Verhalten in schwierigen Gesprächssituationen zu üben und Feedback von Gleichgesinnten zu erhalten.

Darüber hinaus gibt es zahlreiche Online-Plattformen wie Udemy oder Coursera, die Kurse zu Themen wie Kommunikation, Konfliktlösung und emotionaler Intelligenz anbieten. Diese digitalen Lernformate sind besonders flexibel und ermöglichen es den Lernenden, in ihrem eigenen Tempo voranzukommen. Die Vielfalt der angebotenen Kurse ermöglicht es jedem Einzelnen, spezifische Bereiche auszuwählen, die für seine persönliche oder berufliche Entwicklung relevant sind.

Ein weiterer wertvoller Ansatz ist das Networking mit anderen Fachleuten. Der Austausch mit Kollegen oder Mentoren kann neue Perspektiven eröffnen und wertvolle Einblicke in bewährte Praktiken geben. Teilnahme an Branchenevents oder lokalen Meetups fördert nicht nur den Wissensaustausch, sondern auch den Aufbau eines unterstützenden Netzwerks.

Zusätzlich sollten Leser darauf achten, dass viele Unternehmen interne Schulungsprogramme anbieten. Diese Programme sind oft auf die spezifischen Bedürfnisse des Unternehmens zugeschnitten und bieten eine hervorragende Gelegenheit zur persönlichen Weiterentwicklung innerhalb des eigenen Arbeitsumfelds.

Insgesamt ist das Entdecken von Fortbildungsmöglichkeiten ein aktiver Prozess, der Engagement erfordert. Durch gezielte Weiterbildung können Individuen nicht nur ihre sozialen Fähigkeiten verbessern, sondern auch ihr Selbstbewusstsein stärken und somit ihre Chancen auf Erfolg erheblich erhöhen.

17.2 Mentoring-Programme nutzen

Mentoring-Programme stellen eine wertvolle Ressource für die Entwicklung sozialer Fähigkeiten dar. Sie bieten nicht nur die Möglichkeit, von erfahrenen Fachleuten zu lernen, sondern fördern auch den Austausch von Wissen und Erfahrungen in einem unterstützenden Umfeld. Durch gezielte Mentoring-Beziehungen können Individuen ihre kommunikativen Kompetenzen verbessern und ein besseres Verständnis für zwischenmenschliche Dynamiken entwickeln.

Ein zentraler Vorteil von Mentoring-Programmen ist die individuelle Anpassung des Lernprozesses. Während formale Schulungen oft standardisierte Inhalte vermitteln, ermöglicht ein Mentor, spezifische Herausforderungen und Ziele des Mentees zu adressieren. Dies geschieht häufig durch regelmäßige Gespräche, in denen der Mentor Feedback gibt und Ratschläge erteilt, die auf den persönlichen Erfahrungen basieren. Solche Interaktionen sind besonders wertvoll, da sie praxisnahe Einblicke in soziale Situationen bieten.

Darüber hinaus fördern Mentoring-Programme das Networking innerhalb einer Branche oder Organisation. Mentees haben die Gelegenheit, Kontakte zu knüpfen und Beziehungen aufzubauen, die über das Programm hinaus bestehen bleiben können. Diese Netzwerke sind nicht nur hilfreich für den beruflichen Aufstieg, sondern auch für den Austausch von Best Practices im Bereich sozialer Fähigkeiten.

Ein weiterer Aspekt ist die Förderung von Selbstbewusstsein und Eigenverantwortung bei den Mentees. Indem sie aktiv an ihrer eigenen Entwicklung arbeiten und regelmäßig mit ihrem Mentor reflektieren, lernen sie nicht nur ihre Stärken und Schwächen kennen, sondern entwickeln auch Strategien zur Verbesserung ihrer sozialen Interaktionen. Dies kann sich positiv auf ihre Karrierechancen auswirken sowie auf ihr persönliches Leben.

Zusammenfassend lässt sich sagen, dass Mentoring-Programme eine effektive Methode darstellen, um soziale Fähigkeiten kontinuierlich zu entwickeln. Sie bieten eine Plattform für individuelles Lernen und Wachstum in einem unterstützenden Rahmen und tragen somit entscheidend zur persönlichen sowie beruflichen Weiterentwicklung bei.

17.3 Reflexion über persönliche Fortschritte

Die Reflexion über persönliche Fortschritte ist ein entscheidender Bestandteil des lebenslangen Lernens, insbesondere im Bereich sozialer Fähigkeiten. Diese Selbstreflexion ermöglicht es Individuen, ihre Entwicklung zu bewerten, Stärken und Schwächen zu identifizieren und gezielte Maßnahmen zur Verbesserung zu ergreifen. In einer Welt, die sich ständig verändert, ist die Fähigkeit zur Selbstreflexion unerlässlich, um sich an neue Herausforderungen anzupassen und kontinuierlich zu wachsen.

Ein effektiver Weg zur Reflexion besteht darin, regelmäßig Feedback von Mentoren oder Kollegen einzuholen. Dieses Feedback kann wertvolle Einblicke in das eigene Verhalten und die Wahrnehmung durch andere bieten. Indem man aktiv nach Rückmeldungen fragt, zeigt man nicht nur Interesse an der eigenen Entwicklung, sondern schafft auch eine Kultur des offenen Dialogs. Solche Gespräche können helfen, blinde Flecken zu erkennen und neue Perspektiven auf zwischenmenschliche Interaktionen zu gewinnen.

Darüber hinaus kann das Führen eines Reflexionsjournals eine nützliche Methode sein, um persönliche Fortschritte festzuhalten. Durch das regelmäßige Schreiben über Erfahrungen in sozialen Situationen können Muster erkannt werden – sowohl positive als auch negative. Diese schriftliche Dokumentation fördert nicht nur das Bewusstsein für eigene Verhaltensweisen, sondern dient auch als Grundlage für zukünftige Ziele und Strategien zur Verbesserung sozialer Kompetenzen.

Ein weiterer wichtiger Aspekt der Reflexion ist die Zielsetzung. Nach der Analyse persönlicher Fortschritte sollten konkrete Ziele formuliert werden, die realistisch und messbar sind. Dies könnte beispielsweise beinhalten, bestimmte Kommunikationsfähigkeiten in einem festgelegten Zeitraum zu verbessern oder aktiv an Networking-Veranstaltungen teilzunehmen. Die Festlegung solcher Ziele gibt dem Lernprozess Struktur und Motivation.

Zusammenfassend lässt sich sagen, dass die Reflexion über persönliche Fortschritte ein unverzichtbarer Bestandteil des lebenslangen Lernens sozialer Fähigkeiten ist. Sie fördert nicht nur das individuelle Wachstum, sondern stärkt auch die Fähigkeit zur Anpassung an neue soziale Herausforderungen und trägt somit entscheidend zum beruflichen sowie persönlichen Erfolg bei.

18

Fazit und Ausblick auf zukünftige Entwicklungen

18.1 Zusammenfassung der wichtigsten Erkenntnisse

Die vorliegende Analyse hebt die zentrale Rolle von gutem Benehmen in verschiedenen Lebensbereichen hervor und zeigt, wie essenziell soziale Kompetenzen für den persönlichen und beruflichen Erfolg sind. In einer zunehmend vernetzten Welt ist der erste Eindruck oft entscheidend, weshalb Höflichkeit und Respekt in der Kommunikation nicht nur wünschenswert, sondern notwendig sind.

Ein zentrales Ergebnis des Buches ist die Erkenntnis, dass gutes Benehmen nicht nur das individuelle Ansehen steigert, sondern auch die Qualität zwischenmenschlicher Beziehungen verbessert. Studien belegen, dass Menschen mit ausgeprägten sozialen Fähigkeiten eher in der Lage sind, Netzwerke aufzubauen und zu pflegen. Dies gilt sowohl im beruflichen Kontext – etwa bei Vorstellungsgesprächen oder Networking-Events – als auch im privaten Bereich.

Ein weiterer wichtiger Aspekt ist die nonverbale Kommunikation. Die Leser lernen, dass Körpersprache, Mimik und Gestik oft mehr sagen als Worte selbst. Ein offenes Lächeln oder eine aufrechte Körperhaltung können Türen öffnen und Vertrauen schaffen. Diese nonverbalen Signale sind besonders wichtig in interkulturellen Begegnungen, wo Missverständnisse leicht entstehen können.

Das Buch bietet zudem praktische Tipps zur Anwendung dieser sozialen Fähigkeiten in unterschiedlichen Situationen. Beispielsweise wird erläutert, wie man sich bei einem ersten Treffen verhält oder wie man konstruktiv Feedback gibt und annimmt. Solche Fähigkeiten fördern nicht nur das persönliche Wachstum, sondern tragen auch zu einem positiven Arbeitsumfeld bei.

Zusammenfassend lässt sich sagen, dass die Entwicklung sozialer Kompetenzen ein kontinuierlicher Prozess ist, der durch Übung und Reflexion gefördert werden kann. Die Autorin ermutigt die Leser dazu, kleine Veränderungen im Verhalten vorzunehmen – sei es durch aktives Zuhören oder durch das Zeigen von Empathie –, um langfristig bedeutende Auswirkungen auf ihre Beziehungen zu erzielen.

18.2 Trends im Bereich gutes Benehmen

In der heutigen schnelllebigen und digitalisierten Welt sind die Trends im Bereich gutes Benehmen von entscheidender Bedeutung, um sowohl persönliche als auch berufliche Beziehungen zu stärken. Die zunehmende Vernetzung und Globalisierung erfordert ein höheres Maß an interkulturellem Verständnis und Empathie, was sich in den Erwartungen an das Benehmen widerspiegelt.

Ein bemerkenswerter Trend ist die wachsende Bedeutung von emotionaler Intelligenz. Menschen erkennen zunehmend, dass das Verständnis eigener Emotionen sowie die Fähigkeit, die Gefühle anderer wahrzunehmen und darauf zu reagieren, essenziell für erfolgreiche Interaktionen sind. In Unternehmen wird emotionale Intelligenz nicht nur bei der Rekrutierung berücksichtigt, sondern auch in Schulungsprogrammen gefördert. Dies führt zu einem respektvolleren Umgang miteinander und verbessert das Betriebsklima.

Ein weiterer Trend ist die verstärkte Nutzung von digitalen Kommunikationsmitteln. Während E-Mails und Instant Messaging eine schnelle Kommunikation ermöglichen, besteht oft die Gefahr, dass Höflichkeit und Respekt verloren gehen. Daher gewinnen digitale Etikette-Regeln an Bedeutung. Unternehmen implementieren zunehmend Richtlinien zur angemessenen Online-Kommunikation, um Missverständnisse zu vermeiden und ein positives Arbeitsumfeld zu fördern.

Zusätzlich zeigt sich ein wachsendes Bewusstsein für Diversität und Inklusion in sozialen Interaktionen. Gutes Benehmen umfasst heute nicht nur Höflichkeit gegenüber Einzelpersonen, sondern auch Sensibilität gegenüber kulturellen Unterschieden. Veranstaltungen zur Förderung interkultureller Kompetenzen werden immer häufiger angeboten, um Mitarbeitern zu helfen, respektvoll mit Vielfalt umzugehen.

Schließlich spielt Nachhaltigkeit eine immer größere Rolle im Kontext guten Benehmens. Verbraucher legen Wert auf ethisches Verhalten von Unternehmen und erwarten Transparenz sowie Verantwortung in Bezug auf soziale Themen. Dies beeinflusst nicht nur Kaufentscheidungen, sondern auch das Verhalten innerhalb der Organisationen selbst – Mitarbeiter fühlen sich motiviert, nachhaltige Praktiken zu unterstützen und ein positives Beispiel für andere zu setzen.

Insgesamt lässt sich feststellen, dass gutes Benehmen in einer sich wandelnden Gesellschaft kontinuierlich neu definiert wird. Die Integration dieser Trends in den Alltag kann dazu beitragen, harmonischere Beziehungen aufzubauen und eine respektvolle Kommunikationskultur zu fördern.

18.3 Persönliche Ziele setzen für die Zukunft

Das Setzen persönlicher Ziele ist ein entscheidender Schritt, um eine klare Richtung im Leben zu finden und die eigene Entwicklung aktiv zu gestalten. In einer Welt, die sich ständig verändert, ist es wichtig, nicht nur kurzfristige Erfolge anzustreben, sondern auch langfristige Visionen zu entwickeln. Diese Visionen helfen dabei, Prioritäten zu setzen und Entscheidungen zu treffen, die mit den eigenen Werten und Ambitionen übereinstimmen.

Ein effektiver Ansatz zur Zielsetzung ist die SMART-Methode, bei der Ziele spezifisch, messbar, erreichbar, relevant und zeitgebunden formuliert werden. Durch diese Struktur wird sichergestellt, dass die gesetzten Ziele realistisch sind und in einem bestimmten Zeitraum erreicht werden können. Zum Beispiel könnte jemand das Ziel haben: „Ich möchte innerhalb von sechs Monaten 5 Kilogramm abnehmen", anstatt einfach nur „Ich möchte abnehmen" zu sagen. Solche klaren Formulierungen fördern nicht nur die Motivation, sondern erleichtern auch den Fortschritt.

Darüber hinaus spielt die Reflexion über persönliche Werte eine zentrale Rolle beim Setzen von Zielen. Indem man sich fragt: „Was ist mir wirklich wichtig?", kann man sicherstellen, dass die gesetzten Ziele mit den eigenen Überzeugungen übereinstimmen. Dies führt oft zu einer höheren Zufriedenheit und einem stärkeren Engagement für das Erreichen dieser Ziele. Beispielsweise könnte jemand feststellen, dass ihm Gesundheit wichtiger ist als Karriereerfolg und daher seine Ziele entsprechend anpassen.

Ein weiterer wichtiger Aspekt ist das Festhalten der Fortschritte. Das Führen eines Tagebuchs oder das Nutzen von Apps zur Zielverfolgung kann helfen, Meilensteine sichtbar zu machen und motivierend zu wirken. Wenn man sieht, wie weit man gekommen ist oder welche kleinen Erfolge man bereits erzielt hat, stärkt dies das Selbstvertrauen und fördert den Willen weiterzumachen.

Abschließend lässt sich sagen, dass das Setzen persönlicher Ziele nicht nur eine Methode zur Selbstverbesserung darstellt; es ist ein kontinuierlicher Prozess des Lernens und Wachsens. Indem wir uns regelmäßig Zeit nehmen, unsere Ziele zu überprüfen und anzupassen, können wir sicherstellen, dass wir auf dem richtigen Weg sind – sowohl im persönlichen als auch im beruflichen Bereich.

Referenzen:

- Goleman, D. (1995). Emotionale Intelligenz. Bantam Books.

- Rosenberg, M. B. (2003). Gewaltfreie Kommunikation: Eine Sprache des Lebens. Junfermann.

- Klein, C. (2021). Vertrauen in Teams: Grundlagen und Strategien. Teamwork Verlag.

- Mezirow, J. (1991). Transformative Dimensions of Adult Learning.

- Senge, P. M. (1990). The Fifth Discipline: The Art & Practice of The Learning Organization.

- Schmidt, A. (2020). Teamarbeit im digitalen Zeitalter. Verlag für moderne Kommunikation.

- Müller, B. (2019). Die Kunst der Zusammenarbeit: Erfolgreiche Teams bilden. Business Insights.

- Knapp, M. L., & Hall, S. (2010). Nonverbal Communication in Human Interaction. Wadsworth Cengage Learning.

- Dweck, C. S. (2006). Mindset: The New Psychology of Success.

- Brown, B. (2010). Die Kraft der Verletzlichkeit: Wie wir uns selbst und andere annehmen können. Goldmann Verlag.

- Schmidt, A. (2020). Konstruktives Feedback: Grundlagen und Techniken. Verlag für Kommunikationspsychologie.

- Trompenaars, F., & Hampden-Turner, C. (2012). Riding the Waves of Culture: Understanding Diversity in Global Business.

- Siegel, D. J. (2012). Das Gehirn der Liebe: Die Neurowissenschaften der zwischenmenschlichen Beziehungen. Klett-Cotta.

- Kabat-Zinn, J. (1990). "Die Heilkraft der Achtsamkeit".

- Hofstede, G. (2001). Culture's Consequences: Comparing Values, Behaviors, Institutions and Organizations Across Nations.

„Gutes Benehmen: Der Schlüssel zu einem erfolgreichen Leben" beleuchtet die essenzielle Rolle von gutem Benehmen in der heutigen Gesellschaft, wo der erste Eindruck oft entscheidend ist. Das Buch richtet sich an alle, die ihre sozialen Fähigkeiten verbessern möchten, um sowohl im Berufsleben als auch im privaten Bereich erfolgreicher und zufriedener zu sein.

Die Kapitel des Buches behandeln verschiedene Aspekte des guten Benehmens. Zu Beginn wird die grundlegende Bedeutung von Höflichkeit und Respekt in der Kommunikation hervorgehoben, unterstützt durch aktuelle Statistiken, die den positiven Einfluss von gutem Benehmen auf berufliche Netzwerke und persönliche Beziehungen belegen. Praktische Tipps helfen den Lesern, in unterschiedlichen sozialen Situationen angemessen zu reagieren, sei es bei Vorstellungsgesprächen oder Networking-Events.

Ein weiterer wichtiger Punkt ist die nonverbale Kommunikation. Die Leser lernen, wie Körpersprache, Mimik und Gestik die Wahrnehmung anderer beeinflussen können. Zudem wird auf kulturelle Unterschiede im Benehmen eingegangen, was für international tätige Personen von großer Bedeutung ist. Durch anschauliche Beispiele und Übungen wird das theoretische Wissen praktisch anwendbar gemacht.

Insgesamt bietet das Buch wertvolle Erkenntnisse zur Verbesserung der Kommunikationsfähigkeiten und zur Stärkung des Selbstbewusstseins. Es zeigt auf, wie kleine Verhaltensänderungen große Auswirkungen auf Karrierechancen und zwischenmenschliche Beziehungen haben können.

© 2024 Alex Gaal
Verlag: BoD · Books on Demand GmbH, In de Tarpen 42,
22848 Norderstedt, bod@bod.de
Druck: Libri Plureos GmbH, Friedensallee 273, 22763 Hamburg
ISBN: 978-3-7693-8963-0